INHALT

VORWORT 7

Teil I: Was die Bibel über Wunder lehrt 9

1. Der verängstigte Schüler 11
2. Der Beginn Ihres Wunders 21
3. Es ist Gottes Wille 33
4. Ihre Schutzmauer 41
5. Ernten Sie Ihre Heilung 47
6. Beanspruchen Sie Ihr Erbe 53
7. Abschied von der Angst 63
8. Für immer geheilt 69

Teil II: Wunder, die Gott gewirkt hat 77

9. Kathies Allergieproblem 79
1o. Jetzt fliege ich 85
11. Hand in Hand 91
12. »Du wirst nach Florida gehen!« 97
13. Ein Leben lang blind? 101
14. »Hier, lesen Sie das!« 105
15. Marsha braucht ein Wunder 109
16. Eine neue Marsha 113
17. Charlie hatte einen anderen Plan 117
18. »Charlie! Sehen Sie mich an!« 121

19. Keine Erleichterung in Sicht 125
20. Es passierte blitzartig 127
21. Gibt es Hoffnung für Timothy? 129
22. Timothys Verwandlung 133
23. »Ich muß mit Gott sprechen« 137
24. Eine ausweglose Situation 143
25. »Sie haben noch dreißig Tage« 151
26. Ein Wunder wird gefeiert 155

NACHWORT 161

ANHANG 165

VORWORT

Ich verstehe nicht, weshalb einige Menschen geheilt werden und andere nicht. Dieses Geheimnis wird wohl erst bei der Wiederkunft des Herrn gelüftet werden. Benny Hinn ist ein Mann, der die außergewöhnliche Begabung besitzt, andere Menschen in ihrem Glauben zu ermutigen. Er lebt in einer einzigartigen Salbung des Heiligen Geistes. Er wäre der erste, der Ihnen sagen würde, daß er selbst niemanden heilen kann, sondern daß es die Kraft des Heiligen Geistes ist, durch die Menschen geheilt werden.

Die Glaubwürdigkeit der medizinischen Akten, die ich bei jeder der in diesem Buch enthaltenen Geschichten überprüft habe, ist äußerst beeindruckend.

Ich habe zum Beispiel persönlich mit Marsha Brantley gesprochen, die u.a. an Arthritis litt. Frau Brantley berichtete mir von den vielen Jahren voller Schmerzen und Leiden, die sie wegen Arthritis und der anderen Krankheiten durchlebte. Nachdem sie am 18. Oktober 1991 durch das Wort der Erkenntnis bei einer Benny-Hinn-Evangelisation ihre dramatische Heilung empfing, bestätigte ihr Arzt, daß ihr Gesundheitszustand – abgesehen von einer verstärkten Pigmentierung durch eines der Medikamente, die sie einnehmen mußte – normal sei. Dies ist eine ziemlich dramatische Heilung, da diese besondere Form der Arthritis, medizinisch gesehen, unheilbar ist. Nachdem ich lange mit Herrn und Frau Brantley gesprochen und die vielen Zeichen und Symptome ihrer Krankheit diskutiert habe, bin ich zu der Erkenntnis gekommen, daß es wirklich ein Wunder ist, diese Frau zu sehen, die durch Gottes Kraft ein anderer Mensch geworden ist.

Die anderen Wunder, von denen Sie in diesem Buch erfahren werden, wurden sorgfältig von den Ärzten der Patienten dokumentiert, und jedes Zeugnis belegt eine dramatische Veränderung im Gesundheitszustand des Patienten. Diese Heilerfolge können nur durch die wunderbare Berührung Gottes erklärt werden.

Das Buch von Benny Hinn wird mit Sicherheit Ihren Glauben stärken und Sie ermutigen, Gott zu vertrauen, daß er jedes Wunder an Ihnen vollbringen kann. Bei Gott sind alle Dinge möglich dem, der da glaubt. Ich bin der Ansicht, daß durch die folgenden Zeugnisse Ihr Glaube beflügelt wird und der Heilige Geist Sie ermutigen wird, an Wunder zu glauben.

Donald Colbert, M. D.
Dezember 1992

Teil I

WAS DIE BIBEL ÜBER WUNDER LEHRT

Kapitel 1

Der verängstigte Schüler

»Ist schon gut«, sagte der Lehrer. »Laß dir nur Zeit!«
Der kleine Junge, der vor der Klasse stand, befand sich in einer schrecklichen Lage. Er las aus dem Schulbuch eine Geschichte vor.
»Das H-H-Haus war weiß g-g-gestrichen«, hörten ihn alle Klassenkameraden sagen.
Er litt darunter, daß er auffällig stotterte, und zwar jedesmal dann, wenn er auch nur ein klein wenig Spannung oder Druck verspürte. Und es war demütigend, so vor den Mitschülern zu stehen.
Nach der Schule verhöhnten und verspotteten ihn die Kinder, bis er am liebsten weggelaufen wäre und sich versteckt hätte.
Der Junge war ich.

Eine schmerzliche Erfahrung

Ich wurde in der historischen Mittelmeerstadt Jaffa in Israel geboren und verbrachte dort auch meine Kindheit. Meine Eltern waren griechischer und armenischer Herkunft, und ich wurde von Mönchen und Nonnen in katholischen Schulen unterrichtet.
Im Alter von fünf oder sechs Jahren wurde mir und auch denjenigen, die mich kannten, klar, daß ich ein ernstliches Problem hatte. Wenn ich ruhig war oder wenn ich mit einem Freund zusammen war, den ich sehr gut kannte, konnte ich einige Minuten lang reden, ohne zu stottern. Aber wenn Angst oder Anspannung aufkamen, stotterte ich sofort wieder.

Besonders schlimm war es, wenn ich mich in Gegenwart einer Autoritätsperson oder in der Öffentlichkeit aufhielt. Normalerweise stotterte ich bei ein oder zwei Worten. Aber es gab auch Zeiten, in denen es mir wie eine Ewigkeit vorkam, einen ganzen Satz auszusprechen.

Als kleiner Junge versteckte ich mich immer unter einem Tisch oder dem Bett, wenn Besuch für meinen Vater eintraf. Ich wollte nicht, daß sie sich über mich lustig machten. Ich konnte den Gedanken nicht ertragen, daß sie wegen meines Sprachfehlers über mich lachten.

In all den Jahren, in denen ich die Schule besuchte, meldete ich mich so gut wie nie, um eine Frage zu beantworten. Wenn ich einen mündlichen Vortrag halten mußte, war das jedesmal eine schmerzliche Erfahrung. Am schwierigsten waren die Prüfungszeiten.

Ich weiß noch, wie der Lehrer den anderen Schülern mit Strafen drohte, falls sie mich auslachen sollten, wenn ich sprach. Ich schaffte es schließlich, zu sprechen, und meine Klassenkameraden vermochten ihr Lachen zu unterdrücken. Aber nach dem Unterricht gingen immer ein oder zwei von ihnen dicht an mir vorbei und taten so, als würden sie stottern.

Die Kinder wußten nicht, wie tief sie mich verletzten. Ich bin sicher, sie meinten es nicht böse. Aber ich war manchmal so wütend, daß ich mir sehnlichst wünschte, mich zu rächen.

Meine Lehrer und besonders die Nonnen unterstützten mich und waren sehr verständnisvoll. Eines Tages hielt eine der Schwestern meine Ohren mit ihren Fingern zu, weil sie der Ansicht war, ich könnte vielleicht ohne Stottern sprechen, wenn ich keinerlei Geräusche von außen hörte. Falls es überhaupt etwas bewirkt hat, war die Wirkung in jedem Fall nicht von großer Dauer.

Das Schlimmste am Stottern waren die Auswirkungen auf mein Selbstwertgefühl. In meinen Augen machte es mich zu einem Krüppel. Es war genauso schlimm, als hätte ich eine körperliche Behinderung. Ich konnte förmlich spüren, wie meine Persönlichkeit zusehends zerstört wurde.

»Ja, Vater!«

Als Kind und sogar noch als Teenager gab es zu keinem Zeitpunkt die Gelegenheit, mich einfach neben meinen Vater hinzusetzen, um mich mit ihm zu unterhalten. Diejenigen, die in einer Familie im Mittleren Osten aufgewachsen sind, wissen, wovon ich rede. Er war die größte Autoritätsperson in meinem Leben.

Wenn Vater sagte: »Tue dies!« oder »Laß das sein!«, sagte ich nur: »Ja, Vater!« oder »Nein, Vater!«.

Wenn ich zu meinem Vater gehen mußte, um mit ihm über etwas zu reden, wurde ich starr vor Schreck. Für gewöhnlich sagte er dann: »Sprich es aus, Sohn.«

Er gehörte nicht zu den Menschen, die beispielsweise fragten: »Was war heute in der Schule los?« oder »Erzähl doch, was ihr gemacht habt.«

Peng! Da war es wieder

Im Jahr 1968, ein Jahr nach Israels Sechs-Tage-Krieg, wanderte unsere Familie nach Toronto, Kanada, aus. Ich war damals ein Teenager und besuchte die Georges Vanier Secondary School, und ich stotterte immer noch.

Dann, im Februar 1972, begegnete ich bei einem morgendlichen Gebetstreffen, das von Schülern jener Schule abgehalten wurde, Christus, und mein Leben wurde verändert. Später an jenem Tag öffnete ich die Seiten einer großen schwarzen Familienbibel, die seit Jahren nicht mehr benutzt worden war. Nachdem ich mehrere Stunden ohne Pause in den Evangelien gelesen hatte, hörte ich mich plötzlich laut sagen: »Jesus, komm in mein Herz.«

Ich danke Gott, daß er es tat.

In derselben Woche ging ich mit meinen neuen christlichen Freunden in ihre Gemeinde. Es war keine typische Kirchengemeinde. Vielmehr traf sich hier jeden Donnerstag eine überaus große Schar Christen in der St. Pauls Kathedrale, einer anglikanischen Kirche im Zentrum von Toronto.

Als Teenager erfand ich geschickt einige Methoden, um mein Stottern zu verbergen. Manchmal versuchte ich es mit Willenskraft und Konzentration. Ich hatte entdeckt, daß ich eine ganze Weile sprechen konnte, ohne zu stottern, wenn ich nicht daran dachte. Aber wenn ich aus Versehen einmal stotterte, gab es keine Möglichkeit, zu entrinnen.

Ich unternahm, was möglich war, um nicht mit Leuten reden zu müssen, die vielleicht diese nervöse Reaktion auslösen könnten. Und es war mir natürlich vollkommen unmöglich, vor vielen Menschen zu sprechen.

Als junger Christ machte ich begeistert bei allen Gottesdiensten mit. Ich trat sogar dem großen Chor auf der Bühne bei. Wenn man singt, stottert man nicht.

Eines Abends bat mich die Frau des Pastors, eine Aufgabe im Gottesdienst zu übernehmen. »Benny«, sagte sie, »würdest du bitte das einundzwanzigste Kapitel aus der Offenbarung vorlesen?«

Sie hatte keine Ahnung, daß ich größte Probleme mit Stottern hatte.

An jenem Abend waren über zweitausend Menschen im Gottesdienst. Ich wollte »nein« sagen, aber gleichzeitig wollte ich sie nicht enttäuschen. Ich schloß meine Augen und dachte: »Oh, lieber Gott, ich werde dort hinaufgehen und mich zum Narren machen.«

An jenem Abend ging ich zum Mikrofon und begann, laut zu lesen. »Peng!« Da war es wieder. Meine Augen füllten sich mit Tränen, und ich war gelähmt vor Entsetzen. Mir war, als fiele alles auseinander.

Es war mein Glück, daß die Frau des Pastors eine sehr sensible Frau war und meine peinliche Lage erkannte. Sie stimmte schnell ein neues Lied an, um mich nicht länger dort stehen zu lassen. Ich ging zu meinem Platz zurück und wäre am liebsten im Erdboden versunken.

Sie baten mich nicht noch einmal, aus der Bibel vorzulesen.

Damals nahm ich auch an einer Bibelstudiengruppe teil, die sich jeden Samstag morgen traf und bei der etwa zwanzig Personen mitmachten. Eine Aufgabe bestand darin, einen oder zwei Verse aus der Bibel vorzulesen. Der Gruppenleiter begann an einem Ende des Raumes und forderte nacheinander jeden Teilnehmer einmal auf. Dann gab er einen Kommentar dazu, und der nächste im Kreis las vor.

Jedesmal, wenn ich als nächster drankommen sollte, stand ich leise auf und ging zur Toilette. Das machte ich Woche um Woche, beinahe ein Jahr lang. Ich wartete vor der Tür des Klassenzimmers, bis ich wußte, daß ich nicht mehr an der Reihe sein würde. Dann ging ich wieder hinein.

Schließlich nahm mich der Lehrer beiseite und sprach mit mir. Ich merkte, daß er ein wenig verärgert war. Er sagte: »Sieh mal, Benny, das hier ist eine Klasse. Du gehst immer zur gleichen Zeit zur Toilette.« Er sagte: »Niemandem macht es etwas aus, daß du stotterst.«

Er wußte, was ich da tat. Sie alle wußten es.

»Aber Herr, ich kann nicht reden!«

1973 reiste ich kurz vor Weihnachten nach Pittsburgh, Pennsylvania, um an einer Versammlung der Evangelistin Kathryn Kuhlman teilzunehmen. Als ich in jener Nacht wieder nach Hause kam, hatte ich in meinem Schlafzimmer eine persönliche

Begegnung mit dem Heiligen Geist, die völlig anders war als alles, was ich je zuvor erlebt hatte. Wenn Sie mein Buch *Guten Morgen, Heiliger Geist* gelesen haben, verstehen Sie die Tiefe dieses Erlebnisses.

Kurz darauf fragte mich jemand: »Benny, haben Sie bemerkt, daß sich bei Ihrem Stottern irgend etwas verändert hat, nachdem der Heilige Geist in Ihr Leben gekommen ist?«

Im April 1974, nachdem ich dem Heiligen Geist vier glorreiche Monate lang fortwährend begegnet war, sprach der Herr mit einer hörbaren Stimme zu mir. Er sagte: »Predige das Evangelium.«

Natürlich erwiderte ich darauf: »Aber Herr, ich kann nicht reden!«

In den folgenden Monaten fuhr der Herr fort, durch das Wort, durch Visionen und durch den Heiligen Geist zu mir zu sprechen. Schließlich, im November 1974, konnte ich das Thema nicht länger umgehen. Ich sagte zum Herrn: »Ich werde das Evangelium predigen, aber nur unter einer Bedingung: daß du in jedem Gottesdienst mit mir sein wirst.« Und dann erinnerte ich ihn: »Herr, du weißt, daß ich nicht sprechen kann.« Ich machte mir ständig Gedanken wegen meiner Sprachbehinderung und wegen des Umstandes, daß ich die Zuhörer stören und verwirren würde.

Dann, an einem Nachmittag in der ersten Dezemberwoche, stattete ich Freunden von mir einen Besuch in ihrer Wohnung ab.

Es war das erste Mal, daß ich mich geführt fühlte, jemandem alles über meine Begegnungen mit dem Heiligen Geist zu erzählen. Da diese Menschen meine Freunde waren und ich vollkommen entspannt war, stotterte ich so gut wie gar nicht. Noch bevor ich geendet hatte, sagte einer von ihnen: »Benny, du mußt heute abend mit in unsere Gemeinde kommen und dort diese Dinge erzählen.« Sie hatten eine Gemeinde von etwa einhundert Leuten, die sich in einer der örtlichen Kirchen trafen.

An jenem Abend wurde ich der Gruppe vorgestellt und stand zum ersten Mal in meinem Leben hinter einer Kanzel, um zu predigen.

In dem Moment, als ich meinen Mund öffnete, spürte ich, wie etwas meine Zunge berührte und sie löste. Ich begann, vollkommen fließend Gottes Wort zu verkündigen.

Zwei meiner Freunde, die um meine Schwierigkeit mit dem Stottern wußten, waren im Gottesdienst. Anschließend sagten sie beide zu mir: »Wir konnten kaum glauben, wie gut du gesprochen hast. Du hast kein einziges Mal gestottert.«

Ich wußte, was sie meinten.

Später an jenem Abend dachte ich: »Das Stottern muß verschwunden sein, weil heute abend die Gegenwart des Herrn auf mir ruhte. Es wird sicher wiederkommen.« Aber es kam nicht wieder. Von jenem Moment an war das Stottern verschwunden. Vollkommen.

»Ich werde sterben«

Meine Eltern und besonders mein Vater hatten keine Ahnung, daß ich geheilt war, weil es bei uns zu Hause nahezu keinerlei Kommunikation zwischen uns gab. Sie hatten mich vor beinahe drei Jahren, als ich dem Herrn mein Herz gegeben hatte, verstoßen.

Selbst meine Brüder und Schwestern durften nicht mit mir sprechen. Meine Mutter war die einzige, mit der ich noch sprach, aber nur selten, und in ihrer Gegenwart hatte ich sowieso kaum jemals gestottert.

Von dem Moment an, wo ich zu predigen begann, erhielt ich Einladungen zum Sprechen. Woche um Woche sprach ich in Gemeinden und bei besonderen Versammlungen. Ich bin mir sicher, meine Eltern hätten mich auf die Straße gesetzt, wenn sie gewußt hätten, was geschah.

Einige Monate später, im April 1975, wurden meine Mutter und mein Vater zufällig auf eine Anzeige im *Toronto Star* aufmerksam, in der angekündigt wurde, daß ich in einer Pfingstgemeinde im Westen der Stadt predigen würde.

An jenem Sonntag abend saß ich auf der Bühne. Während der Anbetung sah ich plötzlich auf und traute meinen Augen nicht. Mein Vater und meine Mutter waren da und wurden gerade zu ihren Plätzen gebracht. Ich dachte: »Das war's. Ich werde sterben.«

An jenem Abend predigte ich mit der Kraft von Gottes Salbung, aber ich war nicht in der Lage, dorthin zu sehen, wo mein Vater und meine Mutter saßen. Kurz vor dem Ende des Gottesdienstes standen sie auf und gingen durch die Hintertür hinaus.

Ich fuhr bis zwei Uhr nachts in der Stadt herum und hoffte, meine Eltern würden schon im Bett liegen, wenn ich nach Hause käme. Als ich leise aufschloß und die Eingangstür öffnete, sah ich zu meiner Überraschung meine Mutter und meinen Vater vor mir, die auf der Couch saßen.

Voller Angst sah ich mich nach einem Stuhl um, um mich zu setzen. Mein Vater sprach als erster. »Sohn«, sagte er, »wie können wir so werden wie du?«

Meine Mutter begann zu weinen, und die nächsten zwei Stunden erklärte ich ihnen den Erlösungsplan und konnte meine Eltern zu Christus führen.

Mein Papa sagte: »Benny, weißt du, was mich überzeugt hat?« Er erzählte mir, daß er sich zu meiner Mutter wandte, als ich anfing zu predigen, und sagte: »Das ist nicht dein Sohn. Dein Sohn kann nicht sprechen! Dieser Gott muß real sein.« Er wußte nicht, daß ich vollkommen von meinem Stottern geheilt war.

Die Narben waren verschwunden

Einige Monate nachdem meine Eltern errettet waren, begann der Herr, auf eine besondere Weise an mir zu handeln. Er sagte: »Benny, ich will, daß du deinem Vater alles, was er dir je angetan hat, vergibst.«

Als Kind war ich auf Grund meines Stotterns so verletzt, daß es mir beinahe unmöglich war, mich der Welt zu stellen – oder auch nur mir selbst. Ich konnte mich immer noch daran erinnern, wie mein Vater gesagt hatte: »Von all meinen Kindern bist du das eine, das es zu nichts bringen wird.« Seine Worte machten mein Problem nur noch schlimmer.

In jener Nacht sprach der Herr mit mir darüber, »das alles zu vergessen«. Es tat weh, denn plötzlich stiegen all die Erinnerungen wieder in mir auf, und ich sagte: »Herr, ich kann es nicht.«

Die Wut, die in mir hochkam, war viel größer, als ich erwartet hatte. »Herr, ich liebe ihn«, weinte ich, »aber ich bin immer noch so verletzt von all den Dingen, die er gesagt und getan hat.«

Der Herr sagte zu mir: »Du mußt deine Entscheidung treffen, und ich werde den Rest tun.«

Ich sagte: »Ich spüre keine Vergebung in meinem Herzen, aber ich will dir vertrauen, daß du mich von all der Wut und dem Schmerz der Vergangenheit befreist.«

In dieser Nacht entschied ich mich, meinem Vater zu vergeben. Sobald ich die Entscheidung getroffen hatte, befiel mich ein Gefühl, als ob eine Hand in mich hineinfaßte und Dinge aus mir herauszog, die ich weder beschreiben noch erklären kann.

Von jenem Augenblick an verspürte ich eine vollkommene Freisetzung. Ich hatte Frieden mit meinem Vater, und die Wunden, die mich innerlich zum Krüppel gemacht hatten, waren vollständig verschwunden.

Jetzt war meine Heilung vollkommen.

19

Kapitel 2

Der Beginn Ihres Wunders

Von dem Moment an, als ich vom Stottern geheilt war, gab mir Gott ein unstillbares Verlangen nach seinem Wort. Ich hatte einen regelrechten Hunger danach, alles über Gottes wunderwirkende Kraft zu wissen, was man nur wissen konnte.

Tag für Tag, Nacht für Nacht verschlang ich die Bibel. Je mehr ich las, um so mehr erkannte ich, daß Gott nicht geplant hatte, daß seine Kinder mit Krankheiten leben. Er wollte, daß sie wiederhergestellt, geheilt wurden.

Es kam der Tag, an dem ich betete: »Herr, so, wie du mich geheilt hast, so gebe ich dir mein Leben, damit andere deine Rettung, deinen Geist, deine Salbung und deine wunderwirkende Kraft kennenlernen.«

Hatte ich Fragen? Ja. Es gab vieles, was mir der Herr durch sein Wort offenbaren mußte:

- Wie kam die Krankheit ursprünglich in die Welt?
- Welcher Zusammenhang besteht zwischen der Sünde und der Krankheit?
- Will Gott, daß wir geheilt werden?
- Was geschah am Kreuz, wenn wir an »Heilung« denken?
- Was für eine Rolle spielt das Blut Christi bei Heilungen?
- Weshalb mußte Christi Leib »zerbrochen« werden?
- Kann man seine Heilung wieder verlieren?
- Ist die Vergebung eine Voraussetzung für die Heilung?
- Welche Beziehung besteht zwischen der Seele und der Gesundheit?
- Stellt der Herr irgendwelche Bedingungen für eine Heilung?

- Gibt es einen Zusammenhang zwischen der Heilung und der Anbetung?
- Welche Rolle spielt der Glaube?
- Was sagt uns das Wort über das Behalten unserer Heilung?

Die Schöpfungsgeschichte berichtet zweifellos, daß Gott eine schöne Welt erschaffen hat, die frei von Krankheit und sogar frei von Tod war. »Gott sah alles an, was er gemacht hatte: Es war sehr gut« (Gen 1,31a).

Wie kam die Sünde in die Welt? Die Schrift läßt keinen Zweifel daran, daß Adam ohne Krankheiten von Gott geschaffen wurde: er war voller Gesundheit und Leben. Aber weil Adam sündigte, ist jeder Mann und jede Frau an dieser ursprünglichen Sünde beteiligt. Adams Handlung bescherte dem Geschlecht der Menschen sowohl Krankheit als auch Tod. »Durch einen einzigen Menschen kam die Sünde in die Welt und durch die Sünde der Tod, und auf diese Weise gelangte der Tod zu allen Menschen, weil alle sündigten« (Röm 5,12).

Die Sünde brachte Krankheit und Tod. Und seit diesem Augenblick, in dem Adam das Gebot übertrat, gibt es eine Strafe, die mit dem Versagen des Menschen beim Einhalten von Gottes Geboten zusammenhängt. Ein Beispiel dafür ist Israel, das wegen seiner Sünde unter Krankheiten litt. Gott sagte durch den Propheten Micha: »... so will auch ich dich krank schlagen, dich verwüsten um deiner Sünden willen« (Mi 6,13; Übersetzung nach Franz Eugen Schlachter).

Mehr als ein Lösegeld

Gott hatte einen Plan, um die Menschheit zu retten. Er wollte seinen Sohn als sterblichen Menschen senden, und er sollte am Kreuz für unsere Sünden sterben. Aber was auf Golgatha geschah, war sogar noch *mehr.* Wie wir entdecken werden, schenkte Christus nicht nur Erlösung, sondern er sorgte sogar für unsere Heilung.

Vielleicht fragen Sie: »Wenn die Krankheit durch Adam in die Welt kam, dann bedeutet das doch, daß jeder Mensch Krankheit erleiden muß, oder?«

Ganz und gar nicht. Selbst wenn rings um uns herum die Krankheit herrscht, ist es in keinem Fall Gottes Wille, daß sein Volk in Krankheit lebt. Das Kreuz sorgte sowohl für unsere Erlösung als auch für unsere Heilung. Sein Blut vergoß Jesus für unsere Sünde, aber sein Leib wurde für unsere Krankheit zerbrochen.

Die Prophezeiungen im Alten Testament sagten voraus, was Christus für unsere Heilung ertragen würde. »Wer hat unserer Kunde geglaubt? Der Arm des Herrn – wem wurde er offenbar? Vor seinen Augen wuchs er auf wie ein junger Sproß, wie ein Wurzeltrieb aus trockenem Boden. Er hatte keine schöne und edle Gestalt, so daß wir ihn anschauen mochten. Er sah nicht so aus, daß wir Gefallen fanden an ihm« (Jes 53,1-2).

Jesus, »der Arm des Herrn«, sollte aus einem geistlich toten Israel hervorgehen – wie ein »Wurzeltrieb aus trockenem Boden«.

Vor der Kreuzigung wurde der Herr ausgepeitscht und geschlagen. Sein Bart wurde, wie in Jesaja Kapitel 50, Vers 6 prophezeit, ausgerissen. Seine Gestalt war so entstellt und sein Gesicht so verzerrt, daß die Menschen ihn nicht mehr erkennen konnten. Psalm 129, Vers 3 sagt dazu: »Die Pflüger haben auf meinem Rücken gepflügt, ihre langen Furchen gezogen.« Hier erkennen wir, wie schlimm unser Herr geschlagen wurde. Deshalb erkannte ihn Maria Magdalena nicht, als sie ihn im Garten traf. Wie sie ihn das letzte Mal gesehen hatte, war er so schlimm geschlagen worden, daß sie nicht glauben konnte, daß dies dieselbe Person war.

Der Prophet schrieb: »Er wurde verachtet und von den Menschen gemieden, ein Mann voller Schmerzen, mit Krankheit vertraut. Wie einer, vor dem man das Gesicht verhüllt, war er verachtet; wir schätzten ihn nicht. Aber er hat unsere Krankheit getragen und unsere Schmerzen auf sich geladen. Wir meinten, er sei von Gott geschlagen, von ihm getroffen und gebeugt« (Jes 53,3-4).

Und dann erfahren wir, warum dies geschehen muß: »Doch er wurde durchbohrt wegen unserer Verbrechen, wegen unserer Sünden zermalmt. Zu unserem Heil lag die Strafe auf ihm, durch seine Wunden sind wir geheilt« (Jes 53,5).

Viele Menschen verstehen nicht, was wirklich auf Golgatha geschehen ist. Wenn wir über Erlösung sprechen, können wir dabei nicht einfach ignorieren, daß Gott auch für unsere Heilung gesorgt hat.

Die große Erlösung, die verheißen und auch erfüllt wurde, war weit mehr als geistliche Errettung. Die Bibel sagt uns: »... so wird der [Engel als Mittler] sich über ihn erbarmen und sprechen: Befreie ihn, damit er nicht in die Grube hinabfährt! Ich habe Lösegeld [für ihn] gefunden« (Hiob 33,24; revidierte Elberfelder). Gott hat also seinen Sohn als Lösegeld geschickt, um uns aus der Grube der Sünde zu erlösen. Aber das ist noch nicht alles! Sehen Sie sich Hiob Kapitel 33, Vers 25 an, wo uns durch dasselbe Lösegeld auch Heilung versprochen wird. »Sein Fleisch wird frischer sein als in der Jugendkraft; er wird zurückkehren zu den Tagen seiner Jugend« (revidierte Elberfelder).

Ich glaube, Gottes Plan schließt sowohl unsere Erlösung ein als auch die Vorsorge für unsere Heilung.

Glaube und Lebensstil

Das Neue Testament ist voller Berichte von Wundern, die den Dienst Christi und seiner Jünger begleiteten. Aber wenn Heilung geschah, war sie beinahe immer mit Erlösung und einem gerechten Lebensstil verbunden.

Als Jesus den Mann am Teich von Bethesda heilte, der achtunddreißig Jahre lang an einer Krankheit gelitten hatte, traf er ihn später im Tempel wieder »... und sagte zu ihm: Jetzt bist du gesund; sündige nicht mehr, damit dir nicht noch Schlimmeres zustößt« (Joh 5,14).

Vielleicht sagen Sie: »Bitte, Herr, ich brauche unbedingt ein Wunder!« Aber sind Sie bereit, in Einklang mit seinem Wort zu leben? Wenn Christus Sie heilt, dann erwartet er von Ihnen, daß Sie gerecht leben.

Sollten wir erwarten, daß wir geheilt bleiben, wenn wir weiter in unserer Sünde leben?

Ich erinnere mich an die Geschichte einer Frau in Los Angeles, die von Taubheit geheilt worden war. Gott öffnete ihre Ohren in einem Heilungsgottesdienst, der am Anfang dieses Jahrhunderts stattfand und von Aimee Semple McPherson geleitet wurde.

Einige Wochen später kam die Taubheit zurück und die Frau kam wieder in eine Versammlung der Evangelistin. Sie fragte durch eine Freundin: »Warum konnte ich nur einige Wochen hören?«

Aimee fragte die Person, die mit ihr gekommen war: »Nun, was tat sie, nachdem sie geheilt wurde?«

»Oh, sie ging wieder zur Arbeit«, antwortete die Freundin.

»Wo arbeitet sie?« wollte die Evangelistin wissen.

»Sie ist Bardame in einer der Schenken hier«, war die Antwort.

Daraufhin sagte Aimee: »Meinen Sie, Gott hätte ihre Ohren geöffnet, damit sie wieder dorthin gehen und sich all diesen Schmutz anhören kann?«

Wir sollten niemals vergessen, daß Christus, nachdem er die Frau, die beim Ehebruch ertappt worden war, getroffen hatte, zu ihr sagte: »Geh und sündige von jetzt an nicht mehr!« (Joh 8,11b).

Wer ist schuld?

Wenn wir behaupten, daß die Sünde durch Adams Fall in die Welt kam, sollten wir uns auch klarmachen, daß nicht jede Krankheit das Ergebnis von Sünde ist.

Ich habe viele Menschen getroffen, die aufgrund ihrer eigenen Dummheit krank wurden – und weil sie grundlegende Regeln eines gesunden Lebensstils auf krasse Weise mißachteten. Sie waren krank, aber nicht, weil sie gesündigt hatten, sondern weil sie ihren Körper nicht angemessen behandelt hatten. Dies trifft auf Christen und Sünder gleichermaßen zu.

Zum Beispiel könnte es sein, daß Ihnen Ihr Arzt rät, fettreiche Nahrungsmittel zu meiden, weil dadurch Ihre Arterien verstopfen. Wenn Sie diese Warnung nicht beachten, sollten Sie nicht Satan beschuldigen, er habe einen Herzinfarkt verursacht. Und genauso sollte jemand, der weiß, daß Rauchen Lungenkrebs hervorruft, nicht drei Schachteln Zigaretten pro Tag rauchen.

Es ist mir schon immer sehr dreist vorgekommen, wenn Leute erwartet haben, daß Gott sie heilt, obwohl ihr Ungehorsam die Ursache ihres Problems war.

Voraussetzungen für Heilung

Ich bin immer begeistert, wenn ich Schriftstellen lese, die einerseits dazu verhelfen, den Glauben zu stärken, und andererseits von unserer Heilung handeln.

Aber vielen Menschen ist nicht klar, daß es bestimmte *Voraussetzungen* zur Heilung gibt. Man könnte auch sagen, daß der Herr dann seinen Teil tun wird, wenn wir den unseren tun.

Wie bereiten wir uns darauf vor, ein Wunder zu empfangen? Das Wort Gottes sagt folgendes: »Lobe den Herrn, meine Seele, und alles in mir seinen heiligen Namen! Lobe den Herrn, meine

Seele, und vergiß nicht, was er dir Gutes getan hat: der dir all deine Schuld vergibt und all deine Gebrechen heilt ...« (Ps 103,1-3).

Der Herr verspricht uns sogar noch mehr. Er ist der Gott, »... der dein Leben vor dem Untergang rettet und dich mit Huld und Erbarmen krönt, der dich dein Leben lang mit seinen Gaben sättigt; wie dem Adler wird dir die Jugend erneuert. Der Herr vollbringt Taten des Heiles, Recht verschafft er allen Bedrängten« (Ps 103,4-6).

Wann beginnt Ihr Wunder? Wenn Sie damit beginnen, *den Herrn zu loben* – aus der Tiefe Ihrer Seele, mit allem, was in Ihnen ist.

Es ist verständlich, daß wir erst dann daran denken, um Hilfe zu bitten, wenn wir uns mitten in einer persönlichen Krise befinden. Einige Leute rufen den Herrn auf dieselbe Weise an, wie sie in einem Notfall die »112« wählen. Sie kommen zum Herrn, indem sie sich auf ihr Problem konzentrieren. »Oh Herr«, sagen sie, »ich weiß, ich bin nicht würdig, aber ich brauche dich jetzt dringend.«

Statt dessen sollten wir uns Zeit nehmen, Gott zu preisen und ihn dafür anzubeten, daß er so ist, wie er ist. Wir sollten sagen: ›Danke, Herr, daß du mein Leben vor dem Untergang errettet hast. Ich preise dich für deine heilende Kraft.«

Nachdem wir ihn gepriesen haben, sagt uns die Schrift, sollten wir nicht vergessen, *was er uns Gutes getan hat* (vgl. Ps 103,2).

Passen Sie auf, hier sind sieben Wohltaten, an die wir uns erinnern sollen!

Wir dienen einem Gott, der

1. ... uns all unsere Schuld vergibt,
2. ... all unsere Gebrechen heilt,
3. ... unser Leben vor dem Untergang rettet,
4. ... uns mit Huld und Erbarmen krönt,

5. ... uns mit guten Gaben sättigt,
6. ... uns wie einem Adler die Jugend erneuert,
7. ... und uns verteidigt. (Vgl. auch Ps 103,3-6.)

Wie das Wort Gottes sehr deutlich zu verstehen gibt, geht es bei den Wohltaten, die er uns erweist, nicht nur um unsere Erlösung, sondern auch um unsere Gesundheit. Und uns wird gesagt, daß wir uns an *alle* seine Wohltaten erinnern sollen.

Wenn Menschen vergessen, was Gott getan hat, dann begrenzen sie seinen Segen. Die Kinder Israels haben diese Lektion gelernt. »Immer wieder stellten sie ihn auf die Probe, sie reizten den heiligen Gott Israels. Sie dachten nicht mehr an seine mächtige Hand, an den Tag, als er sie vom Unterdrücker befreite ...« (Ps 78,41-42).

Sie sollten jetzt keinen Moment länger warten, sondern den Herrn loben und sich an seine Wohltaten erinnern.

Der Schlüssel zu Wundern

Zusätzlich dazu, daß wir einen barmherzigen Gott preisen und erkennen, was er uns gegeben hat, gibt es noch einige spezielle Dinge, die wir tun können und die uns auf Gottes heilende Berührung vorbereiten werden.

> *Erstens: Wenden Sie sich von denen ab, die Gottes Kraft ablehnen!*

Wie können wir erwarten, geheilt zu werden, wenn wir uns mit Menschen des Unglaubens umgeben? Wenn Sie Gottes Wort le-

...en, sollte es für Sie keine Frage sein, was Sie tun müssen. Die Schrift sagt uns, daß in den letzten Tagen Menschen sein werden, die »den Schein der Frömmigkeit ... wahren, doch die Kraft der Frömmigkeit ... verleugnen. Wende dich von diesen Menschen ab« (2 Tim 3,5).

Wenn Sie sich in einer Atmosphäre des Unglaubens befinden, ist nicht mehr viel nötig, um Sie zu vernichten. Die Bibel sagt: »Weisheit ist besser als Kriegsgerät, aber ein Sünder verdirbt viel Gutes« (Pred 9,18; revidierte Elberfelder). Wie viele Sünder sind nötig, um etwas zu verderben? *Einer.* Wenden Sie sich von solchen Leuten ab.

Wenn Sie die Kraft sowohl des gesprochenen als auch des geschriebenen Wortes erkennen, werden Sie Menschen, die Ihren Glauben zerstören würden, meiden. Wohin sollten Sie sich wenden? »So gründet der Glaube in der Botschaft, die Botschaft im Wort Christi« (Röm 10,17).

Zweitens: Wenn Sie sich nach einem Wunder sehnen, bitten Sie im Glauben!

Wir müssen die vielen »Wenn« aus unseren Gebeten entfernen. Das Wort sagt: »Wer bittet, soll aber voll Glauben bitten und nicht zweifeln; denn wer zweifelt, ist wie eine Welle, die vom Wind im Meer hin und her getrieben wird. Ein solcher Mensch bilde sich nicht ein, daß er vom Herrn etwas erhalten wird« (Jak 1,6-7).

Wenn Sie unschlüssig sind, dürfen Sie vom Herrn nicht allzuviel erwarten. Statt dessen sollten Sie im Glauben bitten, in der Gewißheit, daß es sein vollkommener Wille ist, Sie zu heilen.

> *Drittens: Lassen Sie Ihrem Glauben freien Lauf!*

Wenn ich diene, kann ich oft regelrecht den Glauben von Menschen *sehen*. Ich kann ihn in ihren Augen sehen – sie stehen kurz davor, etwas zu tun, was ihren Glauben freisetzt.

Eines Abends predigte ich gerade bei einer Evangelisation, als meine Aufmerksamkeit plötzlich auf einen jungen Mann gelenkt wurde, der in der ersten Reihe saß. Er trug eine Beinschiene, und an seinem Stuhl lehnte eine Krücke. Aber ich sah einen Mann, dessen Glaube so lebendig war, daß sein Gesicht zu sprudeln schien.

Ich unterbrach meine Botschaft und sagte: »Junger Mann, stehen Sie auf – im Namen des Herrn Jesus!«

Er stand nicht nur auf, er riß sich die Schiene ab und begann, vor den Versammelten herumzulaufen. In dem Augenblick, als er die Worte »Stehen Sie auf!« hörte, ließ er seinem Glauben freien Lauf.

Genauso geschah es in den Zeiten des Neuen Testaments. Einmal, als der Apostel Paulus in Lystra predigte, war ein Mann anwesend, »... der von Geburt an gelähmt war; er saß ohne Kraft in den Füßen da und hatte nie gehen können« (Apg 14,8).

Die Schrift berichtet, daß dieser Mann der Predigt des Paulus folgte. »Dieser blickte ihm fest ins Auge; und da er sah, daß der Mann darauf vertraute, gerettet zu werden, rief er laut: Steh auf! Stell dich aufrecht auf deine Füße! Da sprang der Mann auf und ging umher« (Verse 9-10).

Erinnern Sie sich an die Geschichte von den zehn Aussätzigen, die Jesus begegneten, als er durch ihr kleines Dorf reiste? »Sie blieben in der Ferne stehen und riefen: Jesus, Meister, hab Erbarmen mit uns!« (Luk 17,12b-13).

Als der Herr Jesus sie sah, sagte er: »Geht, *zeigt euch den*

Priestern! Und während sie zu den Priestern gingen, wurden sie rein« (Vers 14).

Wann wurden sie rein? Als sie *gingen.* Ihr Glaube wurde freigesetzt.

Wenn ich Sie jetzt fragen würde, was Ihr größtes Problem ist, was würden Sie dann antworten? Ganz gleich, was für ein Problem Sie haben – es ist unerläßlich, daß Sie im Lobpreis, mit Danksagung und einem lebendigen Glauben zum Herrn kommen.

Das ist der Anfang Ihres Wunders.

Kapitel 3

Es ist Gottes Wille

Als Diener des Evangeliums, der Gott beim Wort nimmt, habe ich hunderte Male Worte des Glaubens und der Heilung ausgesprochen. Von Schweden bis Singapur, von Bogotá bis Baltimore habe ich gesehen, wie verzweifelte, von Schmerzen geplagte Menschen Wunder vom Herrn empfangen haben. Sie wurden in dem Augenblick geheilt, als sie glaubten.

Ich glaube nicht nur, daß es Gottes Wille ist, daß Sie geheilt werden. Es ist auch sein Wille, daß Sie in Gesundheit leben, bis er Sie heimruft (siehe Hiob 5,26).

Wenn Sie nach einem Buch suchen, das Ihnen hilft, Ihre Gebrechen zu rationalisieren und zu rechtfertigen, dann ist dies nicht das richtige Buch für Sie. Ich gehöre nicht zu denen, die beten: »Wenn es dein Wille ist, Herr, dann schenke diesem Menschen Heilung.«

Es ist sein Wille! Sie werden mich nie solche, den Glauben zerstörende Worte beten hören, wie »Wenn es dein Wille ist, Herr, heile sie«. Gott will, daß Sie aufstehen und geheilt sind. Heute. Morgen. Immer!

Es hat sich nichts daran geändert, was der Herr sich für Sie wünscht, seit seines größten »Wundergottesdienstes«, von dem im Alten Bund berichtet wird. Als Gott sein Volk Israel aus Ägypten rief, war es krank und litt unter Gebrechen. Die Menschen waren Sklaven gewesen, unterernährt und grausam behandelt. Aber als Gott sein Volk heimsuchte, geschah etwas Wunderbares.

Er brachte sie aus der Knechtschaft heraus, und sofort heißt es: »... in seinen Stämmen fand sich kein Schwächling« (Ps

105,37b). Ich glaube, dieser Vers sagt sehr klar, daß Gottes Volk in jenem Augenblick durch eine Berührung seiner mächtigen Hand geheilt wurde.

Gott hat sich nicht verändert. Millionen Menschen wenden sich heute von ihren schlechten Gewohnheiten und ihren Sünden ab und finden neues Leben in Christus. Gott will, daß seine Kinder nicht nur aus der Dunkelheit heraustreten, sondern auch aus der *Krankheit*.

Als Gott die Kinder Israels aus Ägypten befreite, waren sie ein geheiltes Volk. Und das ist noch nicht alles. Der erste Bund, den Gott mit ihnen schloß, war ein Bund der Heilung. Die erste Botschaft, die sie nach der völligen Heilung der Menschenmenge hörten, nachdem sie das Schilfmeer durchquert hatten, war: »... ich bin der Herr, dein Arzt« (Ex 15,26b).

»Seht auf das Holz«

Die Lektion, die Gott den Kindern Israels über die Heilung erteilte, ist tiefgründig. Die Israeliten waren drei Tage lang marschiert, ohne Wasser zu finden. »Als sie nach Mara kamen, konnten sie das Wasser von Mara nicht trinken, weil es bitter war. Deshalb nannte man es Mara (Bitterbrunn). Da murrte das Volk gegen Mose und sagte: Was sollen wir trinken? Er schrie zum Herrn, und der Herr zeigte ihm ein Stück Holz. Als er es ins Wasser warf, wurde das Wasser süß. Dort gab Gott dem Volk Gesetz und Rechtsentscheidungen, und dort stellte er es auf die Probe. Er sagte: Wenn du auf die Stimme des Herrn, deines Gottes, hörst und tust, was in seinen Augen gut ist, wenn du seinen Geboten gehorchst und auf alle seine Gesetze achtest, werde ich dir keine der Krankheiten schicken, die ich den Ägyptern geschickt habe. Denn ich bin der Herr, dein Arzt« (Ex 15,23-26).

Sie kamen geheilt aus Ägypten heraus! Aber sie begannen zu murren und sich über ihre Situation zu beklagen. Gott gab ihnen eine Warnung und sagte, daß Murren zu Krankheit führen würde. Was er meinte, war: »Wenn ihr nicht murrt, werde ich nicht zulassen, daß ihr krank werdet«, was bedeutet, *daß sie bereits geheilt waren.*

Die Symbole, die in dieser Geschichte vorkommen, haben eine faszinierende Bedeutung. Als Mose zum Herrn schrie, zeigte Gott ihm ein Stück Holz. Ich glaube, er tat das, weil das Holz ein Symbol für das Kreuz war. Gott befahl ihm, das Stück Holz ins Wasser zu werfen, und augenblicklich wurde das Wasser süß und war nicht mehr bitter. In der Bibel ist Wasser manchmal ein Symbol für Menschen. »Süße« steht für Heilung und Gesundheit.

Es war, als ob Gott sagte: »Nimm das Kreuz (Holz), wirf es auf die Menschen (Wasser), und sie werden geheilt (süß gemacht)«. Heute ist ohne das Kreuz keine Heilung möglich. Bevor der allmächtige Gott die Wasser heilte, zeigte er ihnen das Holz. Bevor wir unsere Heilung empfangen können, müssen wir auf das Kreuz sehen.

Wurden die Israeliten jemals wieder krank? Ja, aber es war nicht Gott, der die Krankheit schickte. Sie wurde durch die Sünde bewirkt. Im Buch Numeri berichtet die Bibel, daß die Israeliten von Schlangen gebissen wurden, als sie der Gerechtigkeit den Rücken zuwandten.

Die Geschichte vom Kreuz beinhaltet eine starke Symbolik. Ich glaube, daß Gott seinen Sohn wegen beider Anliegen nach Golgatha sandte: für die Heilung unserer Seele und für die Heilung unserer Physis. Als ihm die Dornenkrone auf den Kopf gesetzt wurde, blutete er für die Heilung unseres Verstandes und unserer Gedankenwelt. Als sie ihn auspeitschten, wurde sein Rücken für unsere Krankheiten aufgerissen.

Wenn er unsere Krankheit trug und hinwegnahm – warum sollten wir dann versuchen, etwas zu tragen, was ihm bereits auferlegt worden ist? Es ist nicht mehr vorhanden. Er hat es weggenommen.

Wenn in der Schrift ein Mann oder eine Frau errettet wurde, war dies oft von einer Heilung begleitet.

Erinnern Sie sich, wie Jesus zu Nikodemus sagte: »Und wie Mose die Schlange in der Wüste erhöht hat, so muß der Menschensohn erhöht werden ...« (Joh 3,14)? Er bezog sich dabei auf eine wichtige Geschichte im Alten Testament, in der folgendes Prinzip eingeführt wird: *Wenn die Sünde kommt, hält mit ihr die Krankheit Einzug.* Und weiter: *Wenn die Sünde geht, nimmt sie die Krankheit mit sich.*

»Seht auf das Kreuz«

»Unterwegs aber verlor das Volk den Mut, es lehnte sich gegen Gott und gegen Mose auf und sagte: Warum habt ihr uns aus Ägypten heraufgeführt? Etwa, damit wir in der Wüste sterben? Es gibt weder Brot noch Wasser. Dieser elenden Nahrung sind wir überdrüssig. Da schickte der Herr Giftschlangen unter das Volk. Sie bissen die Menschen, und viele Israeliten starben. Die Leute kamen zu Mose und sagten: Wir haben gesündigt, denn wir haben uns gegen den Herrn und gegen dich aufgelehnt. Bete zum Herrn, daß er uns von den Schlangen befreit. Da betete Mose für das Volk. Der Herr antwortete Mose: Mach dir eine Schlange, und hänge sie an einer Fahnenstange auf! Jeder, der gebissen wird, wird am Leben bleiben, wenn er sie ansieht« (Num 21,4b-8).

Wenn Sie und ich ungehorsam gegenüber dem Herrn sind, können wir erwarten, daß die Schlangen uns beißen (Koh 10,8). Was Gott – mehrere Jahrhunderte vor Golgatha – damit sagen will, ist folgendes: Selbst wenn man von einer Schlange gebissen wird, braucht man nur wieder auf das Kreuz zu sehen.

Als erstes zeigte Gott Mose im Buch Exodus Kapitel 15,

Vers 23, ein Stück Holz. Beim zweiten Mal, im Buch Numeri Kapitel 21, Vers 8, sagte Gott zu ihm, er solle eine Schlange machen und diese an einer Fahnenstange befestigen. »Der Herr antwortete Mose: Mach dir eine Schlange, und hänge sie an einer Fahnenstange auf! Jeder, der gebissen wird, wird am Leben bleiben, wenn er sie ansieht.« Jedesmal kam die Heilung, wenn man auf das Kreuz schaute. Wollen Sie geheilt werden? Wollen Sie Gottes herrliche Kraft kennenlernen, die Ihnen Leben und Gesundheit geben kann? Wenden Sie sich Golgatha zu.

Je länger ich mich mit dem Wort Gottes beschäftige, um so stärker wird meine Überzeugung, daß ein Christ nicht krank sein sollte. Wenn es Gottes Wille ist, daß ich krank bin, dann trug Jesus meine Krankheit vergeblich.

Will der Herr, daß ich in Sünde lebe? Natürlich nicht. Wenn ich sage: »Es ist Gottes Wille, daß ich krank bin«, dann ist das für mich genauso, als würde ich sagen: »Es ist Gottes Wille, daß ich in Sünde lebe.« Aber das ist nicht sein Plan. Ich glaube, sein vollkommener Plan für mich ist Gesundheit und Heilung für den Rest meiner Tage, genauso, wie ich sicher bin, daß er von mir erwartet, gerecht zu leben. Aber lebe ich denn nun immer gerecht? Nein, ich mache Fehler, tue Buße, und er vergibt mir. Erfreue ich mich einer vollkommenen und perfekten Gesundheit? Nein, ich werde krank, gehe zum Herrn, bitte um seine heilende Berührung, und er heilt mich.

Vergebung und Heilung

Wenn Gott vergibt, dann schließt das für ihn auch Heilung mit ein. Der Psalmist schrieb: »Lobe den Herrn, meine Seele, und vergiß nicht, was er dir Gutes getan hat: der dir all deine Schuld vergibt, und all deine Gebrechen heilt« (Ps 103,2-3). Gott vergibt und heilt durch eine einzige Berührung.

Als Jesus den Mann ansah, der verkrüppelt war, sagte er: »Ist es leichter, zu dem Gelähmten zu sagen: Deine Sünden sind dir vergeben!, oder zu sagen: Steh auf, nimm deine Tragbahre, und geh umher? Ihr sollt aber erkennen, daß der Menschensohn die Vollmacht hat, hier auf der Erde Sünden zu vergeben. Und er sagte zu dem Gelähmten: Ich sage dir: Steh auf, nimm deine Tragbahre, und geh nach Hause! Der Mann stand sofort auf, nahm seine Tragbahre und ging vor aller Augen weg. Da gerieten alle außer sich; sie priesen Gott und sagten: So etwas haben wir noch nie gesehen« (Mk 2,9-12).

Wieder sehen wir: Wenn der Herr Sünden vergibt, schließt er darin immer die Heilung mit ein. Deshalb sagte Jakobus: »Ist einer von euch krank? Dann rufe er die Ältesten der Gemeinde zu sich; sie sollen Gebete über ihn sprechen und ihn im Namen des Herrn mit Öl salben. Das gläubige Gebet wird den Kranken retten, und der Herr wird ihn aufrichten; wenn er Sünden begangen hat, werden sie ihm vergeben« (Jak 5,14-15).

Es geschieht gleichzeitig. Nur eine Berührung, ein Hauch aus dem Mund des Herrn ist alles, was Sie brauchen. *Gott rettet, und er heilt. Gott vergibt, und er heilt.*

Wir müssen die Worte des Psalmisten auf uns beziehen und sie immer und immer wiederholen: »Er vergibt mir all meine Schuld; er heilt all meine Gebrechen.«

Er verspricht: »Kein Mensch in der Stadt wird mehr sagen: Ich bin krank. Dem Volk, das in Zion wohnt, ist seine Schuld vergeben« (Jes 33,24). Und er hat nicht vor, das Problem zurückkehren zu lassen. Gott hat auch versprochen, daß er Krankheit tatsächlich aus unserer Gegenwart entfernen will. »Wenn ihr dem Herrn, eurem Gott, dient, wird er dein Brot und dein Wasser segnen. Ich werde Krankheit von dir fernhalten« (Ex 23,25).

»Mein Sohn, achte auf meine Worte ... Denn Leben bringen sie dem, der sie findet, und Gesundheit seinem ganzen Leib« (Spr 4, 20.22).

Die Schrift lehrt ganz klar im 1. Korintherbrief Kapitel 6, daß Ihr Körper Gott gehört, und er wurde geschaffen, um ihn zu verherrlichen: »Ihr gehört nicht euch selbst; denn um einen teuren Preis seid ihr erkauft worden. Verherrlicht also Gott in eurem Leib (und in eurem Geist, die ihm gehören)!« (1 Kor 6,19b-20; der Text in der Klammer steht nur in der englischen Bibel). Er möchte Sie in jeder Hinsicht heil machen.

Lassen Sie mich noch einmal die Frage stellen: Ist es Gottes Wille, daß Sie in Gesundheit leben? Dasselbe wollte auch der Aussätzige wissen. »Ein Aussätziger kam zu Jesus und bat ihn um Hilfe; er fiel vor ihm auf die Knie und sagte: Wenn du willst, kannst du machen, daß ich rein werde. Jesus hatte Mitleid mit ihm; er streckte die Hand aus, berührte ihn und sagte: Ich will es – werde rein!« (Mk 1,40-41). Und er sagt immer noch »Ich will es«.

Kapitel 4

Ihre Schutzmauer

Wäre es nicht wunderbar, wenn wir eine Barrikade errichten könnten, die uns vor Krankheit und Gebrechen schützt? Sie werden gleich entdecken, daß bereits eine Schutzmauer gebaut worden ist. Die Vorkehrungen dafür wurden bereits getroffen.

Als ich noch ein junger Mann war und in Toronto lebte, wußte ich, daß ich bekehrt und zum Dienst berufen war. Aber ich wußte noch nichts von dem, was ich für Sie in diesem Buch aufschreibe. Genauer gesagt, ich glaubte nicht daran. Ich war der Meinung, daß es heilig sei, krank zu sein, daß man, wenn man auf dem Krankenbett lag, zu Gottes Ehre eingesetzt wäre.

Aber ich entdeckte bald, daß unser Körper erschaffen worden ist, um den allmächtigen Gott zu verherrlichen und zu ehren. »Ihr gehört nicht euch selbst; denn um einen teuren Preis seid ihr erkauft worden. Verherrlicht also Gott in eurem Leib (und in eurem Geist, die ihm gehören)!« (1 Kor 6,19b-20; der Text in der Klammer steht nur in der englischen Bibel). Auf Grund dieser Entdeckung frage ich mich, warum ich noch eine Bürde tragen soll, wenn der Herr Jesus für meine Heilung zerschlagen und verwundet wurde?

Die Kraft des Glaubens

Ich glaube fest daran, daß der Herr will, daß wir in völliger Gesundheit leben. Es ist an der Zeit, daß Sie glauben, verkündigen und beginnen, so zu leben, daß Sie sagen: »Krankheit gehört mir nicht, und ich werde sie unter keinen Umständen tolerieren!«

Wenn diese Botschaft damit anfängt, Ihre Seele aufzurütteln, dann wird die Krankheit fliehen müssen.

Vier einfache Regeln

Gott will nicht, daß Sie krank sind. Er schließt im Buch Exodus, Kapitel 15, sogar einen Bund mit Ihnen und sagt Ihnen, daß Sie geheilt werden, wenn Sie diesen Bund halten. Er wird eine Schutzmauer um Sie herum errichten.

Genauer gesagt: Der Herr hat vier einfache Regeln aufgestellt – nur vier. Wenn Sie diese befolgen, werden Sie in Gesundheit leben. Und sollte Sie eine Krankheit befallen, werden Sie ihr befehlen, Ihren Körper zu verlassen.

Gottes vier Regeln der Heilung stehen in einem kraftvollen Vers der Schrift. Er sagt: »Wenn du auf die Stimme des Herrn, deines Gottes, hörst und tust, was in seinen Augen gut ist, wenn du seinen Geboten gehorchst und auf alle seine Gesetze achtest, werde ich dir keine der Krankheiten schicken, die ich den Ägyptern geschickt habe. Denn ich bin der Herr, dein Arzt« (Ex 15,26).

Hier stellt sich Gott zum ersten Mal in der Schrift als unser Arzt vor, und er nennt uns die vier Voraussetzungen für Heilung:

> Die erste Bedingung lautet: *Achte auf seine Stimme!* Sie müssen der Stimme des Herrn Beachtung schenken. Im Hebräischen bedeutet dieses Wort sowohl »hören« als auch »verkündigen«. Sie müssen es hören, aussprechen und bekennen. Die Bedeutung dieses ersten Schrittes darf nicht unterschätzt werden.

Die zweite Bedingung lautet: *Handle!* Der Herr verlangt, daß Sie tun, was in seinen Augen recht ist. Das Wort *tun* bedeutet im Hebräischen »machen, werden« und »verantwortlich sein für«. Also, liebe Freunde, der Herr verlangt, daß wir handeln. Und Heilung beginnt, wenn wir dem Wort gehorchen.

Die dritte Bedingung lautet: *Gehorche!* Die Bedeutung dieses Wortes in der ursprünglichen Sprache ist »lauschen«. Gott erwartet Engagement auf unserer Seite, wir sollen über seine Befehle nachdenken.

Die vierte Bedingung lautet: *Bewahre es!* Im Hebräischen steht, daß wir sein Wort »bewahren, schützen und erhalten« sollen. Dies ist eine Grundvoraussetzung für Heilung.

Was ist Gottes Versprechen, wenn wir diese Voraussetzungen in unserem Leben umsetzen? Er sagt, daß er Sie heilen will. Wenn Sie das Wort hören, es bekennen, sich ganz und gar für seine Gebote einsetzen, das Wort bewahren und es sich zu eigen machen, dann, so sagt Gott, werden Sie in vollkommener Gesundheit leben.

Gott hat einen Bund der Heilung angeboten. Doch gibt er Ihnen auch eine Warnung: »... wer eine Mauer einreißt, den wird eine Schlange beißen« (Pred 10,8, Übersetzung nach Franz Eugen Schlachter). Was meint Gott damit? Eine Mauer steht für Schutz. Die Bibel besagt, daß dann ein Dämon beißen wird, sollte der Schutz aufgehoben sein. Was ist Ihr Schutz? Das Wort des lebendigen Gottes!

Wollen Sie Gottes Heilung? So lassen Sie Ihr Inneres vom Wort Gottes erfüllt sein. Sorgen Sie dafür, daß es Ihr Herz, Ihre Gedanken und Ihre Gefühle bestimmt. Lieben Sie es, bekennen Sie es und gehorchen Sie ihm. Wenn das Wort Ihr ganzes Leben wird, wird es Sie ganz umgeben – zur Linken und zur Rechten, von vorne und von hinten. Das Wort wird Sie beschützen, und keine Schlange wird Sie beißen können. Aber wenn dieser Schutz durchbrochen ist, werden Satan und seine Dämonen zuschlagen. Und Krankheit ist ein Ergebnis dieses Angriffes.

Die Schrift erklärt: »Eine Stadt mit eingerissener Mauer ist ein Mann, der sich nicht beherrscht« (Spr 25,28). Wenn Ihr Leben nicht vom Wort Gottes gelenkt und getragen wird, gibt es keine Schutzmauern, die Sie umgeben, keine Gesundheit.

»Herr, warum bin ich krank?«

Ein Mann fragte mich kürzlich: »Benny, was passiert, wenn ich irgendwo versage und krank werde?«

Meine Antwort blieb dieselbe: »Verlassen Sie sich weiterhin auf sein Wort«, sagte ich ihm. »Halten Sie fest an seinem Wort.«

Vor Jahren wurde einer der größten Evangelisten für Heilungen in Amerika, William Branham, krank. Dies ist ein Mann, der für Tausende von Menschen um Befreiung gebetet hatte. Als er mit hohem Fieber im Bett lag, schrie er zum Herrn: »Herr, warum bin ich krank? Ich habe heute abend eine Versammlung, und nun liege ich hier auf dem Krankenlager. Herr, du gebrauchst mich, um anderen Heilung zu bringen. Wie peinlich, wenn ich als kranker Mann auf die Bühne gehen sollte. Heile mich, Herr!«

Der Herr antwortete nicht.

»Heile mich, Herr!« sagte er erneut.

Immer noch keine Antwort.

Plötzlich sprach der Heilige Geist und sagte: »Das Wort ist Heilung für deinen ganzen Leib. Das Wort ist Heilung für deinen ganzen Leib.«

Branham begann, aus den Sprüchen Kapitel 4, Vers 22 zu zitieren, aber jetzt sprach er die Worte in der Ichform: »Das Wort ist Heilung für *meinen* ganzen Leib! Das Wort ist Heilung für *meinen* ganzen Leib!«

Dann sagte er: »Herr, wenn das Wort Heilung für meinen ganzen Leib ist, dann will ich auf deinem Wort stehen, was soviel besagt wie: ›und für das Werk meiner Hände gibst du mir Befehl‹ (Jes 45,11b; wörtlich aus dem Englischen übersetzt).« Der Herr sagte nicht »bitte mich«, er sagte »befiehl mir«. Und genau das tat Branham. Gott hatte es verheißen, und der Evangelist befahl ihm, es zu tun. Er sagte: »Mein Gott, im Namen Jesu befehle ich, daß das Wort für mich arbeitet!« Und als er begann, diese Worte als Befehl auszusprechen, stand er von jenem Bett auf und beanspruchte seine Heilung.

Er sagte, daß er sich immer noch krank fühlte, aber er weigerte sich, die Symptome zu beachten. Eine halbe Stunde später war das Fieber vergangen, Kraft war in ihn geflossen, und an jenem Abend stand er als gesunder Mann auf der Bühne.

Anbetung bringt Heilung

Der Prophet Jeremia fragt: »Gibt es denn keinen Balsam in Gilead, ist dort kein Wundarzt? Warum schließt sich denn nicht die Wunde der Tochter, meines Volkes?« (Jer 8,22).

Die Schrift beinhaltet eine wunderbare Wahrheit, die den Schlüssel für Ihre Heilung enthält. Jeremia fragt: »Gibt es denn keinen Balsam in Gilead?« Das hebräische Wort »Balsam« steht für *Heilung*. Und das Wort »Gilead« steht für *Anbetung*. Er fragt also: »Gibt es denn keine Heilung in der Anbetung?« Natürlich gibt es sie. Und Sie müssen gemäß dieses Wissens, daß Ihre Anbetung Heilung bringt, handeln.

Wenn Sie das Wort bekennen und nichts scheint zu passieren, dann fangen Sie an, den Herrn und Gott des Himmels anzubeten. Beten Sie ihn wegen seiner Verheißungen an. Beten Sie inständig zu ihm und sagen Sie: »Jesus, du hast meine Krankheit getragen. Ich werde sie nicht tragen. Danke, denn dein Wort sagt: ›Durch deine Wunden bin ich geheilt.‹« Und während Sie anfangen, den Herrn anzubeten, werden Sie beobachten, wie Heilung Sie erfüllt.

Das, was auf Golgatha geschehen ist, kann Sie sogar vor Schmerzen schützen.

Wenn in der Zeit des Alten Testaments jemand krank war, gab man ihm ein schmerzstillendes Mittel – Myrrhe. »Mein Geliebter ruht wie ein Beutel mit Myrrhe an meiner Brust« (Hld 1,13).

Als Christus am Kreuz hing, wurde ihm Myrrhe angeboten. »Dort reichten sie ihm Wein, der mit Myrrhe gewürzt war; er aber nahm ihn nicht« (Mk 15,23). Es war üblich, einem Menschen, der gekreuzigt wurde, solch einen Trank zu geben, damit er die Schmerzen nicht mehr spürte.

Warum wollte Jesus ihn nicht nehmen? Christus nahm die Myrrhe nicht, weil er nicht schmerzlos sterben wollte. Er wollte im Sterben all unseren Schmerz und all unsere Qual auf sich nehmen. Christus ist unser »Schmerzmittel«, derjenige, den Sie um Hilfe anrufen, wenn Sie sich in Not befinden. Er wird in Ihrer dunkelsten Stunde neben Ihnen liegen, um den Schmerz zu stillen und Ihnen Heilung zu bringen.

Der Herr ist Ihr Schutz und Ihr Schild. Er ist Ihre Schutzmauer.

Kapitel 5

Ernten Sie Ihre Heilung

Gottes Gesetz über Saat und Ernte ist eindeutig. Sie werden nie die Ernte feiern, wenn Sie die Saat nicht sorgfältig ausgesät und sich um das Getreide gekümmert haben. Das trifft auch auf Heilung zu.

Wenn Sie Samen des Zweifels und des Unglaubens aussäen, wird Ihre Ernte ein Mißerfolg werden. Deshalb muß sich Ihre Denkweise ändern. Gott will, daß Sie mit Glauben, Hoffnung und Liebe säen.

Im Neuen Testament lesen wir, daß »... Gott Jesus von Nazaret gesalbt hat mit dem Heiligen Geist und mit Kraft, wie dieser umherzog, Gutes tat und alle heilte, die in der Gewalt des Teufels waren; denn Gott war mit ihm« (Apg 10,38). An diesen Versen sehen wir wieder, daß der Teufel Krankheit bringt, nicht Gott.

Statt Samen des Zweifels zu säen, blicken Sie auf zum Vater und sagen Sie: »Gott im Himmel, du hast versprochen, daß mir Heilung gehört, wenn ich dir gehorche. Herr, du weißt, daß ich nicht perfekt bin. Aber das Wort sagt, daß ich durch Christus gerecht bin.«

Sehen Sie, im Alten Testament konnte niemand das Gesetz vollständig befolgen. Es war unmöglich. Jesus nahm Ihren Ungehorsam und erfüllte das Gesetz. Aus diesem Grund können Sie und ich den Geboten Gottes gehorchen. Deshalb können Sie voller Gewißheit beten: »Vater, dein Wort sagt, daß Jesus meinen Schmerz, meine Krankheit, meinen Kummer und meine Sünde auf sich genommen hat. Dein Wort sagt, daß ich trotz meiner Fehler die Gerechtigkeit Gottes verkörpere und daß Krankheit nicht zu meinem Körper gehört.«

»Mein Körper will nicht gehorchen«

Kürzlich erzählte mir eine Frau aus meiner Gemeinde ihre Geschichte. Sie sagte: »Als ich ein Kind war, wurde ich von meinen Eltern sehr schlecht behandelt, und ich bin seit Jahren sehr krank gewesen.« Sie fuhr fort zu berichten, wie sie immer wieder ins Krankenhaus mußte, so oft, daß sie schon gar nicht mehr wußte, wie viele Male, und daß ihre körperlichen Probleme bis heute geblieben seien.

Sie wollte mit mir sprechen, um mir mitzuteilen, daß sie meinen Botschaften über Heilung sehr genau zugehört hätte. Und sie glaubte alles, was ich predigte.

Sie sagte: »Pastor Hinn, ich habe alles getan, was Sie gesagt haben. Mit einigen Dingen habe ich sogar begonnen, sie zu tun, bevor Sie es mir gesagt haben. Ich glaube, Gott will, daß ich geheilt werde. Und ich habe Gott vertraut, daß er mich heilt, wie sein Wort verheißt. Aber trotzdem ist mein Wunder nicht in physischer Form manifestiert worden. Mein Körper will nicht gehorchen.«

Dann sah sie mich mit traurigen Augen an und fragte: »Warum bin ich immer noch krank?«

Ich sagte zu der Frau: »Stellen Sie sich vor, quer über den Fußboden wäre eine Linie gezogen. Auf der einen Seite der Linie sind Menschen mit einem falschen Konzept von Gottes Wort und einem falschen Verständnis davon, wie Gott heilt.«

Dann sagte ich: »Jetzt lassen Sie uns einmal annehmen, jemand geht über die Linie.« Ich wies auf die eingebildete Linie und fuhr fort: »Heilung geschieht nicht unbedingt gleich hier. Da ist noch einiges an Raum hinter der Linie, über den Sie gehen müssen, bevor Sie die Heilung erfahren.«

Sie fragte: »Was stellt dieser Raum dar?«

Ich erwiderte: »Wenn Sie einen Samen säen, können Sie nicht bereits morgen eine Ernte erwarten. Sie müssen dem Samen Zeit lassen, damit er Wurzeln schlagen und die Frucht wachsen kann, und dann werden Sie ernten. Ich glaube, daß Sie die Linie überschritten haben. Sie haben den Bereich betreten, wo Gott anfangen kann, sein Werk zu tun.«

Sie sagte: »Pastor, Sie wissen, daß ich eigentlich schon tot sein sollte. Meine Ärzte sind erstaunt, daß ich noch lebe.«

Ich sagte zu ihr: »Sie sind noch am Leben, weil Ihr Glaube lebendig ist. Sie vertrauen ihm mit allem, was Sie sind. Denken Sie daran: ›Glaube ist ... Feststehen in dem, was man erhofft, Überzeugt sein von Dingen, die man nicht sieht‹« (Hebr 11,1). Geben Sie Ihrem Körper eine Chance, mit Schritt zu halten, und erlauben Sie der Heilung, sich zu manifestieren. Geben Sie nicht auf! Ihr Wunder kommt jeden Tag näher.«

Die Linie überschreiten

Wann werden Sie Ihre Heilung empfangen? Heute? Morgen? Die wichtigste Tatsache, die man wissen muß, ist, daß bereits vor zweitausend Jahren Vorsorge für Ihre Heilung getroffen wurde. Das geschah am Kreuz.

Wenn Sie in Ihrem Herzen, Ihrer Seele und Ihrem Verstand glauben, daß das Sühnopfer für Ihre Heilung bereits stattgefunden hat, dann haben Sie »die Linie überschritten«. Sie haben jenen fruchtbaren Boden betreten, auf dem der Same in gutem Boden wachsen kann und wo Gott eine Ernte hervorbringen kann.

Gott will, daß Sie die negativen, den Glauben zerstörenden Gedanken ausmerzen, von denen Satan gerne möchte, daß Sie jenen glauben: Zweifel, die er in Ihre Gedanken pflanzt. Gott will, daß Sie sagen: »Ich werde Krankheit und Gebrechen weder akzeptieren noch tolerieren!«

Was für Samen sollten Sie aussäen? Jesus sagte: »Der Samen ist das Wort Gottes« (Lk 8,11).

Vergessen Sie niemals die Worte, die in den Sprüchen nachzulesen sind: »Mein Sohn, achte auf meine Worte, neige dein

Ohr meiner Rede zu! Laß sie nicht aus den Augen, bewahre sie tief im Herzen! Denn Leben bringen sie dem, der sie findet, und Gesundheit seinem ganzen Leib« (Spr 4,20-22).

Wie erhalten Sie Gesundheit? Ihre Gesundheit kommt durch das Wort. Aber das geschieht nicht immer automatisch. Die Schrift sagt uns, daß wir sie manchmal suchen müssen. Und wie geschieht das? Durch drei Dinge. Erstens, indem wir aufmerksam sind. Zweitens, indem wir unsere Augen fest auf das Wort gerichtet haben. Drittens, indem wir das Wort in unserem Herzen bewahren.

Sie werden das Wort finden oder »einfangen«, indem Sie offene Ohren, offene Augen und ein offenes Herz für die Schrift haben. Die Bibel sagt nicht, daß Sie Heilung mit Hilfe eines leisen Flüsterns, eines flüchtigen Blickes oder aufgrund eines leisen Gefühls Ihres Herzens finden werden. Man muß mutig und entschieden handeln!

Paulus schrieb an die Gemeinde in Rom: »Demnach kommt der Glaube vom Hören, das Hören aber durch Gottes Wort« (Röm 10,17; direkte Übersetzung aus dem Englischen). Jemand drückte es einmal so aus: »Glaube erwächst dem Hören und noch mal Hören.« Mit anderen Worten, wir müssen immer wieder hören, was Gottes Wort sagt, und dürfen uns nicht auf dem ausruhen, was wir gestern gelesen oder gehört haben. Sie werden das Wort niemals in Ihr gesamtes Leben aufnehmen, indem Sie es nur einmal hören. Sie müssen hören, hören und nochmals hören.

Außerdem müssen Sie Ihre Augen fest auf das Wort gerichtet haben. Hören Sie nicht auf, hinzusehen – wieder und wieder. Dann muß ihr Herz das Wort lieben und wieder lieben. Auf diese Weise werden Sie Ihre Heilung aussäen und finden.

Gott will, daß Sie Fleiß zeigen, »... damit ihr nicht müde werdet, sondern Nachahmer derer seid, die aufgrund ihres Glaubens und ihrer Ausdauer Erben der Verheißungen sind« (Hebr 6,12).

Wenn das Wort gesät wurde, ist die Zeit für »Glauben und Geduld« gekommen. Wenn Sie den Samen, den Sie entdeckt haben, aussäen, dürfen Sie nicht erwarten, daß er immer gleich innerhalb von vierundzwanzig Stunden Leben hervorbringt. Sie sollten dann zwei Dinge haben: *Zuversicht und Ausdauer.* »Werft also eure Zuversicht nicht weg, die großen Lohn mit sich bringt« (Hebr 10,35).

Er kommt genau zur rechten Zeit

Säen Sie Ihren Samen und bewässern Sie ihn. Sie werden niemals die Fülle Ihrer Heilung erleben, wenn Sie zulassen, daß Ihr Feld trocken wird. Fahren Sie fort, Ihren Glauben mit dem Wort zu bewässern, und geben Sie niemals, wirklich niemals, auf.

Ja, Gott will, daß Sie geheilt werden. Aber denken Sie daran, Sie haben lange gebraucht, um so zu werden, wie Sie jetzt sind. Und vielleicht brauchen Sie Zeit, um ein vollständig veränderter Mensch zu werden. Der Herr hat Ihr Herz in einem Augenblick gereinigt, als Sie errettet wurden, aber es kann eine lange Reise bedeuten, bis man »durch die Erneuerung des Sinnes« verwandelt ist. Genauso kann sich auch Ihre Heilung über einen längeren Zeitraum hinziehen.

Haben Sie die Linie überschritten? Befinden Sie sich in einer Lage, in der Gott in Ihrem Leben ein Wunder vollbringen kann? Hören Sie nicht auf, Gott zu vertrauen.

Einige Leute suchen sich gern einen Lieblingsvers in der Schrift und sagen: »Wenn ich diesen Vers verinnerliche, wird Gott mich heilen.« Vielleicht zitieren Sie immer und immer wieder »Doch er wurde durchbohrt wegen unserer Verbrechen, wegen unserer Sünden zermalmt. Zu unserem Heil lag die Strafe auf ihm, durch seine Wunden sind wir geheilt« (Jes 53,5).

Dies ist ein machtvoller Vers. Aber Sie sollten nicht versuchen, Gottes heilende Kraft auf nur eine Schriftstelle zu gründen. Gott sagt, daß das Wort Sie *völlig durchdringen* muß. Nur dann wird es Ihrem »ganzen Leib« Gesundheit bringen. Das Wort Gottes, von Genesis bis hin zur Offenbarung, muß Ihr Leben durchdringen. Denken Sie daran, Sie müssen es hören und immer wieder hören, ansehen und immer wieder ansehen, lieben und immer wieder lieben. Das Wort verfügt über die Kraft, Heilung hervorzubringen, für die Sie schon so lange gebetet haben.

Das Wort wirkt Wunder. Paulus sagt: »Darum danken wir Gott unablässig dafür, daß ihr das Wort Gottes, das ihr durch unsere Verkündigung empfangen habt, nicht als Menschenwort, sondern – was es in Wahrheit ist – als Gottes Wort angenommen habt; und jetzt ist es in euch, den Gläubigen, wirksam« (1 Thess 2,13).

Was für einen Glauben haben Sie?

Doch einige glauben an falsche Dinge. Es fällt ihnen sehr schwer, sich dem Glauben hinzugeben, daß Gott ihre Gebete beantworten wird. Sie sind sich nicht sicher, ob das Wort etwas bewirkt, und das zeigt sich in ihrem Verhalten.

Denken Sie daran, daß Sie auch das ernten, was Sie gesät haben. Wenn Sie Samen des Unglaubens säen, wird der Tag der Ernte in der Tat ein Grund zur Trauer sein. Aber wenn Ihre Saat sorgfältig mit dem Wort Gottes und mit Glauben ausgestreut worden ist, dann werden Ihre Scheunen bis zum Überlaufen gefüllt sein. Und wenn Sie Gottes Berührung nötig haben, werden Sie Heilung »ernten«.

Kapitel 6

Beanspruchen Sie Ihr Erbe

Ein Wunder läßt sich nicht durch gute Werke verdienen. Es ist auch kein Geschenk, das einem aufgrund von Liebe und Wertschätzung gegeben wird. Heilung ist Ihr Eigentum. Heilung ist Ihr *Erbe* (siehe Ex 15,26).

Ihr Weg zu Heilung und Genesung ist deutlich beschrieben. Die Schrift besagt, daß das Wort zunächst in Ihnen »angelegt« werden muß. Und wenn das geschieht, sind Sie bereit, das zu empfangen, was Ihnen rechtmäßig gehört. »Und jetzt vertraue ich euch Gott und dem Wort seiner Gnade an, das die Kraft hat, aufzubauen und das Erbe in der Gemeinschaft der Geheiligten zu verleihen« (Apg 20,32).

In einem Zeitalter der Schnellimbisse, der Sofortbildkameras und der Computerchips wollen die Leute alles *jetzt* haben. Und sie erwarten, daß der Herr genauso reagiert. Aber Gottes Königreich funktioniert nicht, wenn man es mit einer »Mikrowellenmentalität« versucht. Zunächst baut das Wort auf, und dann gibt es.

Es braucht Zeit, etwas aufzubauen, und es ist Gottes Wort, das die Einzelteile zusammensetzt. Das Wort »aufbauen« an dieser Stelle wird für das griechische Wort *aufbauen* und *weiterbauen* verwendet, welches auch zum Beispiel den Bau eines Hauses beschreibt. Es beginnt also damit, daß man bei der Bekehrung ein solides Fundament legt, und dann »wächst« man weiter, Stein für Stein, Schicht um Schicht, bis das Bauwerk ein »Meisterstück« geworden ist.

Keiner von uns wartet gern. Aber wenn ein Farmer seinen Samen nimmt, um sich ein Essen zu kochen, wird er nichts mehr übrig haben, wovon er sich in den darauffolgenden Tagen ernähren kann. Er ißt sein Saatgetreide nicht auf. Sie werden freigesetzt, indem Sie die Saat der Wahrheit aussäen.

Vielleicht sagen Sie: »Ich bin immer noch krank. Es geht mir immer noch schlecht, und ich fühle mich geschlagen.« Vielleicht fragen Sie sich: »Herr, wo ist meine Gesundheit? Meine Beine schmerzen, mein Kopf tut weh, und ich habe ständig Schmerzen in meinem Körper.« Vielleicht kommen Sie sogar zu dem Schluß, daß das einzige, worüber Sie sich freuen können, die Tatsache ist, daß Sie von neuem geboren sind. Was Ihren körperlichen Zustand angeht, so befinden Sie sich in größter Not.

Bitte geraten Sie nicht in Panik. Sie sind auf dem richtigen Weg. Während Sie vom Wort aufgebaut werden, säen Sie Samen aus, die Ihnen Heilung bringen werden, vom Kopf bis zu den Zehen.

Wenn Sie dann Ihren Weg weitergehen und das Wort hören, sehen und lieben, geht der Prozeß des Aufbaues weiter. Tag für Tag machen Sie Fortschritte. Da Sie inmitten des Vorgangs stecken, können Sie Ihr eigenes Wachstum vielleicht gar nicht einschätzen. Ihr Geist ist verändert worden. Ihre Seele ist verändert worden. Im Römerbrief, Kapitel 12, Verse 1-2 sagt uns die Schrift: »Angesichts des Erbarmens Gottes ermahne ich euch, meine Brüder, euch selbst als lebendiges und heiliges Opfer darzubringen, das Gott gefällt; das ist für euch der wahre und angemessene Gottesdienst. Gleicht euch nicht dieser Welt an, sondern wandelt euch und erneuert euer Denken, damit ihr prüfen und erkennen könnt, was der Wille Gottes ist: was ihm gefällt, was gut und vollkommen ist.« Demnach wurde bei Ihrer Wiedergeburt Ihr Geist gerettet, Ihre Seele wird jetzt erneuert, und Ihr Leib wird gerettet werden. Auf die gleiche Weise wurde Ihr Geist am Kreuz geheilt, und Ihre Seele – die Gefühle, der Intellekt und Wille – wird in dem Maße heil, in dem das Wort sich in Ihnen entwickelt. Und eines Tages werden Sie sehen, wie die Veränderung in Ihrem Körper stattfindet.

Plötzlich werden Sie ausrufen: »Jetzt tut sich etwas! Ich fühle mich besser und anders als vor drei Wochen!« Die Verwandlung des inneren Menschen geschieht in einem Augenblick, aber die äußeren Anzeichen können länger dauern. Das Wort beginnt, Ihnen tief in Ihrem Inneren Ihr Erbe zu zeigen. Es dauert nicht lange, und Ihre Gefühle sind geheilt und Ihr Verstand beginnt so zu denken, wie der Vater denkt. Es ist ein Gesetz Gottes und ein Naturgesetz, daß das, was im Inneren geschieht, schließlich das Äußere beeinflußt. Das Äußere wird von dem, was aus dem Inneren herausfließt, berührt.

Eine Frage des Glaubens

Geben Sie dem Wort Zeit, sein Leben in Sie »hineinzugießen« und Ihren Leib zu durchfluten. Gehen Sie Ihren Lebensweg und sagen Sie sich dabei: »Das Wort wird in mir aufgerichtet. Durch Glauben und Geduld erbe ich die Verheißung.« Sein Wort wird Ihnen Kraft und Ausdauer verleihen, selbst wenn Ihre geistlichen Beine schmerzen und Sie am liebsten aufgeben würden.

Erlauben Sie dem Samen, Wurzeln zu schlagen, sein Leben hervorzubringen und seine Frucht zu tragen. Gott hält Ausschau nach zwei wichtigen Elementen auf Ihrem Lebensweg: Glauben und Bekennen.

Ist der Glaube unerläßlich für die Heilung? Unbedingt. Ihr Glaube muß wachsen und täglich zunehmen, wenn Sie Ihr Erbe empfangen wollen.

Der Herr heilte oft Männer und Frauen, die sich ihm im Glauben näherten. Bei anderen Gelegenheiten wurde er von Mitleid bewegt und heilte, ohne besonders darum gebeten worden zu sein. Und es gab wiederum andere Zeiten im Dienst unseres Herrn Jesus, wo es nicht Gottes Zeit für Heilungen war.

Kürzlich wurde ich gefragt: »Warum heilte Jesus nicht jeden, der ihm nahe kam? Er heilte nur einige und beließ viele in ihrer Krankheit.«

Das ist eine gute Frage. Wenn der Herr oft durch die Schöne Pforte ging, warum heilte er dann nicht den Mann, der dort saß und den schließlich Petrus und Johannes heilten? Und was war mit den anderen an jenem Tor, die verkrüppelt oder blind waren und um Almosen baten? Warum wurde nur *einer* von ihnen geheilt?

Erinnern Sie sich an die Apostelgeschichte Kapitel 3, Vers 2? Die Bibel spricht von diesem Mann, der am Tor saß und um Almosen bettelte. In Vers 6 wird berichtet, wie der Mann geheilt wurde, und als Ergebnis dieser Heilung wurden fünftausend Männer von neuem geboren (Apg 4,4). Ich glaube, das wunderbare Ergebnis dieses Wunders ist der Grund, warum der Mann zu diesem Zeitpunkt geheilt wurde und nicht früher. Gott weiß, wann der beste Zeitpunkt für eine Sache ist, und dies ist ein großartiges Beispiel für uns, seinen perfekten Willen wahrzunehmen. Aber wir sollten auch nicht vergessen, daß Gott durch Jesaja erklärt hat, seine Wege seien nicht die Wege der Menschen (Jes 55,8). Es wird immer etwas geben, was wir als Menschen nicht wissen oder nicht verstehen werden. Es wird immer verborgene Dinge geben, die Gott gehören (vgl. auch Dtn 29,28 oder 29, je nach Bibelübersetzung – Anm. d. Übers.).

In meinem eigenen Dienst hat mir der Herr wiederholt während Gottesdiensten mitgeteilt, daß ein bestimmter Mensch gerade geheilt wird. Wie geschah das? Ich bin nicht zu ihm gegangen und habe das Gebet des Glaubens gesprochen. Der Heilige Geist wußte, daß diese Person bereit war, und berührte sie.

Das Element des Glaubens als Schlüssel für eine Heilung entzieht sich jeder Beschreibung. Obgleich es immer wieder Fragen über Heilung und Glauben geben wird, können wir sicher sein, daß der Glaube ein Schlüssel in Gottes Heilungsprozeß darstellt. Wir wissen mit Sicherheit, daß er notwendig ist. Es geschah mehrfach, daß Christus den Glauben eines Menschen beobachtete, bevor er ihn heilte – er *sah* den Glauben. Im Neuen Testament wird Glaube oft eher gesehen als gehört.

In Kapernaum »... brachte man auf einer Tragbahre einen Gelähmten zu ihm. Als Jesus ihren Glauben sah, sagte er zu dem Gelähmten: Hab Vertrauen, mein Sohn, deine Sünden sind dir vergeben!« (Mt 9,2). Er sah den Glauben der Männer, die den Gelähmten trugen, und er wurde von Mitleid bewegt. Augenblicke später war der Mann vollkommen geheilt, aber erst, nachdem seine Sünden vergeben worden waren.

Weiter finden wir in der Schrift Beispiele, wo einzelne Menschen zu Jesus kamen und unbedingt geheilt werden wollten. Die Frau mit dem Blutfluß mußte gegen den Widerstand der Menschenmenge, die Jesus umgab, ankämpfen. Dennoch war sie so fest entschlossen, geheilt zu werden, daß sie ihren Glauben freisetzte, sich durchkämpfte, bis sie bei Jesus war, sein Gewand berührte und ihre Heilung empfing. In der Anfangszeit meines Dienstes offenbarte mir Gott folgende Tatsache: Menschen können Wunder empfangen, weil sie fest entschlossen sind, ihr Erbe zu empfangen.

»Bitte setzen Sie sich, meine Dame!«

Als ich vor einigen Jahren in Phoenix, Arizona, predigte, bemerkte ich, daß in der Zuhörerschaft von mehreren tausend Menschen eine Unruhe entstand. Ich sah genauer hin und erblickte eine Frau in einem Rollstuhl, die versuchte, aufzustehen. Plötzlich hielt sie sich am Stuhl fest und begann, ihre Beine hin und her zu bewegen.

Ich predigte weiter, aber es schien, als ob überall im Auditorium die Leute ihre Aufmerksamkeit auf die Frau richteten – und mir ging es nicht anders. Ich glaubte damals noch nicht, was ich jetzt hier schreibe, und dachte: »Diese Frau wird hinfallen und sich verletzen.«

Sofort sprach ich sie von der Bühne aus an und sagte: »Bitte setzen Sie sich, meine Dame, denn Gott wird Sie nicht heilen.«

Als ich mit meiner Botschaft fortfuhr, sah ich kurz zu ihr hinunter und bemerkte, daß sie schon wieder versuchte, ihre Beine vorwärts und rückwärts zu bewegen. Sie schien nicht damit aufhören zu wollen. Ich wiederholte: »Bitte nehmen Sie Platz.«

Am Ende des Gottesdienstes, als Dutzende von Leuten nach vorn kamen, um errettet zu werden, sah ich sie wieder. Sie hatte ihren Rollstuhl verlassen und bewegte ihre Beine, und jetzt begann der Rollstuhl wegzurollen. Ich machte mir Sorgen, sie könne fallen und sich verletzen, und so entschied ich mich, sie wieder in ihren Stuhl zu bringen – selbst wenn ich sie zwingen müßte, sich hinzusetzen.

Inzwischen war ich ein wenig ärgerlich wegen der Störungen, die sie während meiner Botschaft verursacht hatte. Ich ging zu ihr und sagte: »Meine Dame, ich habe Ihnen während des ganzen Gottesdienstes gesagt, Sie sollten in Ihrem Stuhl bleiben. Sie könnten fallen und sich ernsthaft verletzen.«

Plötzlich begann sie sehr aufgeregt mit mir zu sprechen; jedes ihrer Worte war Spanisch. »Sprechen Sie Englisch?« fragte ich. Aber sie antwortete weiter in ihrer eigenen Sprache. Sie hatte kein Wort von dem verstanden, was ich an jenem Abend gesagt hatte. Wahrscheinlich glaubte sie, ich hätte ihr gesagt, daß Gott ein Wunder tun würde.

Ich rief nach einem Übersetzer und erklärte: »Sagen Sie ihr, sie solle sich setzen, denn Gott hat sie nicht geheilt. Wenn sie geheilt ist, kann sie aufstehen.«

Meine Worte wurden übersetzt, und sie gab mir eine Antwort. Sie ließ mir durch den Übersetzer sagen: »Sagen Sie diesem Prediger, daß ich heute abend geheilt werde, ob er das nun mag oder nicht!«

Ich war verblüfft. Ich sah einen Glauben, wie ich ihn noch nie zuvor gesehen hatte. Sofort nahm ich ihre Hand und sagte:

»In Jesu Namen!« In dem Moment, wo ich seinen Namen aussprach, begann die Frau, auf Spanisch laut zu rufen! Ich verstand kein Wort von dem, was sie sagte, aber ich spürte Gottes Gegenwart, als sie sprach. Sofort sprang sie aus dem Rollstuhl und begann zu laufen. Ich konnte nur noch dastehen und sie verblüfft ansehen. Überall im Auditorium begannen die Leute, Gott mit lauter Stimme zu preisen.

Das war eine große Lektion für mich. Die arme Frau versuchte, mir etwas mitzuteilen, und ich war zu schwer von Begriff, das zu erkennen! Was tat sie? *Sie praktizierte ihren Glauben.* Ich sah es, ohne zu erkennen, was sie tat. Aber Jesus sah es.

Ich bin sicher, daß diese spanische Dame durch das Wort Gottes zu der Überzeugung gekommen war, daß Gott sie heilen würde. Ich glaube, sie war durch Glaube und Geduld aufgebaut worden, und dies war der Zeitpunkt, die Früchte zu ernten. Sie praktizierte ihren Glauben und wartete darauf, daß ich den meinen praktizierte.

Wenn Sie diesen Punkt, an dem Sie bereit sind, erreichen, werden Sie die Worte Jesu hören: »Es soll geschehen, wie du geglaubt hast« (Mt 8,13).

Machtvolle Worte

Der Glaube, und auch das Bekennen, spielt bei der Heilung eine sehr wichtige Rolle.

Sie mögen fragen: »Weshalb muß ich die Verheißungen Gottes nachdrücklich bestätigen? Warum ist das so wichtig?« Ein Bekenntnis ohne den Heiligen Geist besteht nur aus leeren Worten. Im Buch Genesis Kapitel 1, Vers 2 steht: »... die Erde aber war wüst und wirr, Finsternis lag über der Urflut, und Gottes Geist schwebte über dem Wasser.« In Vers 3 steht dann:

»Gott sprach: Es werde Licht. Und es wurde Licht.« Stellen Sie sich das einmal vor: Gott selbst sprach erst, als der Heilige Geist sich bewegte. Es ist sinnlos zu sprechen, ohne daß der Heilige Geist es veranlaßt. Auch Psalm 91 spricht in den Versen 1 und 2 davon, wie wichtig das Bekennen ist: »Wer im Schutz des Höchsten wohnt und ruht im Schatten des Allmächtigen, der sagt zum Herrn: ›Du bist für mich Zuflucht und Burg, mein Gott, dem ich vertraue.‹« Hier sehen wir, daß wir in Gottes Gegenwart ruhen müssen, um seine Verheißungen bestätigend auszusprechen.

Ich habe entdeckt, daß das Bekennen dem menschlichen Geist die Herrschaft über den Körper und die Seele gibt. Allerdings warnt uns die Schrift auch: »... hast du dich durch deine Worte gebunden, bist du gefangen durch deine Worte ...« (Spr 6,2). Sie werden gefangengenommen und beherrscht durch Ihre eigenen Worte, und das gilt auch für Ihren Geist.

Es ist wichtig, daß die richtigen Worte Ihr Leben beherrschen. Sie müssen Gottes Wort in völliger Übereinstimmung mit dem Vater sprechen. Wenn Sie seine Verheißungen aussprechen, stimmen Sie einfach mit ihm überein.

Sie sagen: »Das habe ich versucht, aber ich habe keine Resultate gesehen.«

Wir müssen unser Bekenntnis fest umklammern und es nicht loslassen. »Da wir nun einen erhabenen Hohenpriester haben, der die Himmel durchschritten hat, Jesus, den Sohn Gottes, laßt uns an dem Bekenntnis festhalten« (Hebr 4,14). Das Wort sagt uns: »Laßt uns an dem unwandelbaren Bekenntnis der Hoffnung festhalten, denn er, der die Verheißung gegeben hat, ist treu« (Hebr 10,23).

In Römerbrief Kapitel 10, Vers 10 lesen wir: »Wer mit dem Herzen glaubt und mit dem Mund bekennt, wird Gerechtigkeit und Heil erlangen.« Und das ist der Punkt, an dem viele Menschen stehenbleiben. Sie glauben, dieser Vers beziehe sich nur auf die Zeiten, wo sie Jesus als Herrn bekennen.

Wir werden angewiesen, unseren Glauben zu »bestätigen«, ihn zu »bekennen« und ihn »festzuhalten«. Selbst der Psalmist sprach davon: »Wer Opfer des Lobes bringt, ehrt mich; wer rechtschaffen lebt, dem zeig' ich mein Heil« (Ps 50,23). Ihre Worte müssen mit dem Wort übereinstimmen. Und wenn das zutrifft, werden Sie sein Heil sehen.

Allerdings werden nicht ausschließlich Ihre Worte – ohne das Handeln des Heiligen Geistes in Ihrem Herzen – Ihr Erbe hervorbringen.

Das Bekenntnis gibt Gott Autorität über Ihren Geist, und Sie werden Gottes heilende Kraft kennenlernen.

Warum sollten Sie weiter bekennen? Weil Gott treu zu seinen Verheißungen steht. Wenn Sie die Verheißung noch in weiter Ferne sehen, dann ist es Zeit, sie heute zu bekennen, zu glauben, darin zu leben, sie zu sehen und zu lieben. Lassen Sie sich vom Wort erfüllen und aufbauen. Und eines Tages – schon sehr bald – werden Sie Ihr Erbe empfangen.

Kapitel 7

Abschied von der Angst

Gott verspricht uns nicht, daß der Weg zu unserem Wunder ein geebneter Weg sein wird. Die Strecke ist voller Hindernisse und Umwege jeglicher Art.

Zweifellos werden Sie auch eine der destruktivsten Kräfte der Hölle kennenlernen. Diese zerstörende Kraft ging gegen die Jünger und Nachfolger Jesu vor. Und sie wird auch Ihnen zu schaffen machen. Was wird Ihre größte Herausforderung sein? Angst – Satans bestes Werkzeug.

In dem Augenblick, in dem Sie beginnen, im Glauben und gemäß dem Wort zu leben und zu handeln, werden Sie zum Ziel des Angriffs. Eines Tages wird Sie die Angst befallen; das ist so sicher, wie jeden Morgen die Sonne aufgeht. Sie können fest damit rechnen. Die Frage ist nicht, ob sie kommen wird, sondern, wie Sie damit umgehen.

Der Teufel hat nicht die Absicht, Sie in Ruhe zu lassen, schon gar nicht, wenn Sie im Glauben leben. Er wird versuchen, Sie mit seinen Schlägen zu erreichen, und zwar mit jedem Quentchen seiner bösen Energie. Je mehr Sie für Gott tun, um so mehr wird Satan Sie angreifen.

»Es ist etwas, was Sie sehen«

Er wird Sie angreifen, so, wie er Abraham immer wieder überfallen hat.

Gott gab Abraham die Verheißung, daß er für immer begünstigt sein würde. Er sagte: »Ich werde dich zu einem großen

Volk machen, dich segnen und deinen Namen groß machen. Ein Segen sollst du sein. Ich will segnen, die dich segnen; wer dich verwünscht, den will ich verfluchen. Durch dich sollen alle Geschlechter der Erde Segen erlangen« (Gen 12,2-3).

Abraham, der »Vater des Glaubens«, wurde mit jener vernichtenden Kraft, von der wir sprechen, konfrontiert: mit der Angst. Er brach innerlich zusammen und bekam Angst, und Gott mußte ihn korrigieren.

Der Herr sagte: »Fürchte dich nicht, Abraham, ich bin dein Schild; dein Lohn wird sehr groß sein« (Gen 15,1b). Angst kann Gottes Schutz vereiteln. Was der Herr meinte, war: »Wenn du dich fürchtest, werde ich nicht dein Schild sein.«

Wovor hatte er Angst? Gott versprach Abraham, daß er Kinder haben und der Vater vieler Nationen werden würde. Jetzt sorgte er sich, daß er vielleicht gar kein Kind bekommen würde. »Herr, mein Herr, was willst du mir schon geben? Ich gehe doch kinderlos dahin ... Du hast mir ja keine Nachkommen gegeben ...« (vgl. auch Gen 15,2-3).

Angst ist, genau wie der Glaube, etwas, das man sieht. Es ist ein Bild, eine Vorstellung. Abraham sah sich selbst kinderlos und bekam Angst. Deshalb korrigierte ihn Gott.

Abraham saß in seinem Zelt und war von Sorge und Angst erfüllt. Gott sagte ihm, er solle aufstehen und hinausgehen. Es war Nacht, und der Herr sagte zu ihm: »Sieh doch zum Himmel hinauf, und zähl die Sterne, wenn du sie zählen kannst. Und er sprach zu ihm: So zahlreich werden deine Nachkommen sein« (Gen 15,5).

Gott wollte, daß Abraham anfing, Sterne zu zählen, *weil der Glaube ein Bild ist.* Dann verwandelte der Herr das Bild für Abraham von Sternen zu Kindern. Er sagte: »Höre auf, dich mit nichts zu sehen, und sieh dich mit einer großen Menge. Sieh deine Nachkommen. Sieh deine Zukunft!«

Und wenn Abraham keine Sterne zählte, zählte er Sandkörner. Gott sagte zu ihm, ich will »... dir Segen schenken in Fülle und deine Nachkommen zahlreich machen wie die Sterne am Himmel und den Sand am Meeresstrand. Deine Nachkommen sollen das Tor ihrer Feinde einnehmen« (Gen 22,17).

Eins, zwei, drei ...

Gott nahm Abrahams »Angstbild« und befahl ihm, ein »Glaubensbild« zu sehen. Er muß sehr, sehr lange gezählt haben. Was, meinen Sie, tat Abraham vierzehn Jahre lang? Er zählte die Sterne und den Sand. Warum? Weil ihn immer wieder Angst erfüllte und seine Vision verdunkelte. In den Sprüchen werden wir in Kapitel 29, Vers 18 gewarnt, daß diejenigen umkommen, die keine Vision haben. Die Angst läuft nicht davon und versteckt sich, und der Teufel geht nicht in Urlaub.

Können Sie sehen, wie Abraham zählte, wenn die Angst ihn überkam? »Eins, zwei, drei, vier, fünf ...« Wahrscheinlich trug er einen Eimer Sand mit sich herum. Und nachts zählte er, wenn er zum Himmel emporsah.

Angst ist ohne jede Frage die destruktivste Waffe Satans. Die Schrift sagt uns, daß die Hölle überfüllt sein wird auf Grund von Angst. »Aber die Feiglinge und Treulosen, ... – ihr Los wird der See *von brennendem Schwefel* sein. Dies ist der zweite Tod« (Offb 21,8).

Wenn man weiß, daß die Angst eine so starke Macht bedeutet, wird es verständlich, weshalb die meisten Menschen keine Heilung empfangen. Eine Liste mit den Befürchtungen, die Menschen haben können, würde ganze Bände füllen.

Kürzlich wurde bei einem unserer Gottesdienste ein Mann auf wunderbare Weise geheilt. Es stand außer Frage, was der Herr für ihn getan hatte. Aber ich war beunruhigt, als er einige Tage später zu mir kam und sagte: »Ich fürchte, ich werde wieder krank.«

»Sagen Sie das nicht«, warnte ich ihn. »Streichen Sie die

Worte ›Ich fürchte‹ aus Ihren Gedanken und verbannen Sie diese von Ihren Lippen.« Ich sagte ihm: »Hören Sie auf, sich selbst krank zu sehen. Sehen Sie sich geheilt!«

»Zähl weiter!«

Ich glaube, es ist viel schwieriger, vierzehn Jahre lang Sterne und Sand zu zählen, als dem Herrn die Heilung Ihrer Physis anzuvertrauen. Die Leute müssen Abraham für »verrückt« gehalten haben. Aber als sein Sohn geboren wurde, sagte Gott: »Das ist der erste! Zähl weiter.«

Heute sieht Abraham wahrscheinlich vom Himmel herunter und sagt: »Sieh dir diese Menschenmenge an. Sie wächst immer noch. Es werden ständig mehr Sterne.«

Gewöhnen Sie es sich ab, an die Hindernisse zu denken, die Sie umgeben. Beginnen Sie, an das Wort zu glauben. Richten Sie endlich Ihren Blick auf die Sterne und zählen Sie.

Ein Leuchten auf dem See

Nachdem Jesus auf wunderbare Weise fünftausend Menschen am Ufer des Sees Genezareth gespeist hatte, bat er am späten Nachmittag seine Jünger, wegzufahren, damit er eine Weile allein sein konnte. »Gleich darauf forderte er die Jünger auf, ins Boot zu steigen und an das andere Ufer vorauszufahren. Inzwischen wollte er die Leute nach Hause schicken« (Mt 14,22). Dann »... stieg er auf einen Berg, um in der Einsamkeit zu beten. Spät am Abend war er immer noch allein auf dem Berg« (Vers 23).

Er betete zehn bis zwölf Stunden lang, bis zur »vierten Nachtwache«, einer Zeit ganz früh am Morgen, wenn es noch dunkel ist. Wir alle wissen, was als nächstes geschah. Das Boot der Jünger war mitten auf dem See und wurde von einem starken Sturm hin und her geworfen. Jesus kam zu ihnen. Er ging auf dem Wasser.

Vielleicht war das größte Wunder gar nicht, daß Christus auf dem See gehen konnte, sondern daß ihn die Jünger in der Dunkelheit und in dem Sturm sehen konnten. Was meinen Sie, wie sie ihn sahen? Ich glaube, daß der Herr, nachdem er zehn Stunden auf dem Berg gebetet hatte, tatsächlich leuchtete. Da war ein heller Strahl, der auf das Boot zukam. Jesus strahlte die Herrlichkeit Gottes aus!

»Als ihn die Jünger über den See kommen sahen, erschraken sie, weil sie meinten, es sei ein Gespenst, und sie schrien vor Angst« (Vers 26).

Der Herr rief ihnen zu: »Habt Vertrauen, ich bin es; fürchtet euch nicht!« (Vers 27b). Aber Petrus war sich nicht sicher, ob es wirklich Jesus war. Er sagte: »Herr, wenn du es bist, so befiehl, daß ich auf dem Wasser zu dir komme. Jesus sagte: Komm! Da stieg Petrus aus dem Boot und ging über das Wasser auf Jesus zu« (Vers 28-29).

Ich glaube nicht, daß Petrus ausprobierte, auf dem Wasser zu gehen. Er trat aus dem Boot und begann, Schritt für Schritt zu gehen. Es war nicht das Wasser, worauf er ging. Ich glaube, daß er auf dem Wort ging, das besagte: »Komm!«

Aber als Petrus auf den hellen Schein von Christus zuging, wehte plötzlich ein Wind um ihn herum. Er bekam Angst. Die Bibel sagt: »Als er aber sah, wie heftig der Wind war, bekam er Angst und begann unterzugehen. Er schrie: Herr, rette mich!« (Vers 30).

Es war dunkel, und wahrscheinlich konnte er das Wasser nicht allzu gut sehen. Wie konnte er den Wind »sehen«? Er sah ihn in seinen Gedanken. Es war ein *Bild der Angst*. Er war im Glauben gegangen, aber er spürte den Wind und stellte sich die Katastrophe vor. Was geschah? Petrus begann zu sinken.

Er schrie: »... Herr, rette mich! Jesus streckte sofort die Hand aus, ergriff ihn und sagte zu ihm: Du Kleingläubiger, warum hast du gezweifelt?« (Verse 30-31). Petrus war so erschüttert, daß er nicht antwortete. Sie traten ins Boot, der Wind legte sich, und sie fuhren sicher ans andere Ufer.

Der Herr brachte Petrus eine sehr wichtige Lektion bei. Alles ist möglich, wenn Glaube angewandt wird. Aber als der Wind und der Sturm an die Stelle des »Komm!« traten, begann er zu sinken.

Anstatt einen »Anfall« vor lauter Sorgen zu bekommen, sollten Sie anfangen, Ihre Sterne zu zählen, seine Verheißungen zu bekennen und auf den Herrn zuzugehen.

Sagen Sie der Angst ade!

Kapitel 8

Für immer geheilt

Ich bin häufig gefragt worden: »Pastor Hinn, wie kann ich meine Heilung behalten?« Andere wollten wissen: »Warum verlieren einige Leute ihre Heilung wieder?« Dies sind zwei sehr wichtige Fragen, denn ich glaube fest daran, daß der Herr Sie vollständig und auf Dauer geheilt sehen möchte.

Was Sie bisher gelesen haben, sollte deutlich machen, daß das Wort Gottes der Schlüssel ist, der die Tür zur Heilung öffnet. Einige fragen sich vielleicht: »Muß ich ein Studium absolviert haben, um ein Kandidat für die heilende Berührung des Herrn sein zu können?« Nein, absolut nicht. Selbst ein junger Christ kann die heilende Kraft des Herrn empfangen, und es gibt Millionen Zeugnisse, die dies bestätigen.

Gott ist souverän. Er kann Heilung schenken »wann«, »wo« und »wem« er will. Aber von dem Moment an, wo jemand geheilt worden ist, sollte er sofort beginnen, sich in die Schrift zu vertiefen. Der Fortbestand seiner Heilung hängt davon ab. Der Psalmist schrieb: »Nie will ich deine Befehle vergessen; denn durch sie schenkst du mir Leben« (Ps 119,93).

Gottes Wort belebt Sie und erhält Sie am Leben. Deshalb ist es so wichtig für Sie, ständig vom Leben des Vaters erfüllt zu sein und nicht von den aggressiven Kräften Satans. »Alles, was für unser Leben und unsere Frömmigkeit gut ist, hat seine göttliche Macht uns geschenkt; sie hat uns den erkennen lassen, der uns durch seine Herrlichkeit und Kraft berufen hat« (2 Petr 1,3).

Wie bekommen Sie Erkenntnis über ihn? Durch sein Wort.

Wenn die Erkenntnis Gottes Sie durchdringt, lassen seine göttliche Kraft und sein Leben keinen Raum für eine Krankheit.

Das Wort bleibt lebendig, während Sie es lesen, es hören und mit denen zusammen sind, die es lieben. Deshalb ist es so wichtig, in der Atmosphäre des Wortes zu bleiben.

Es ist ein großer Unterschied, ob Sie in einem Schnellimbiß einen Hamburger und Pommes frites essen, oder ob Sie mit Ihrer Familie ein gesundes Essen am Tisch in Ihrem Eßzimmer genießen. Die Umgebung macht den Unterschied aus, ganz zu schweigen von der enormen Verbesserung des Nährwertes.

Es ist wichtig, daß Sie eine Gemeinde finden, die Ihnen gehaltvolle Nahrung aus Gottes Wort gibt. Beides, Ihre geistliche und Ihre körperliche Gesundheit, steht auf dem Spiel.

Ein Geschenk auf Dauer

Der Herr will nicht nur, daß Sie Ihre Heilung empfangen. Er will, daß die Heilung von Dauer ist. Hierfür möchte ich Ihnen gerne sieben Wege aufzeigen:

1. *Vertrauen Sie auf Gott.* »Verflucht der Mann, der auf Menschen vertraut, auf schwaches Fleisch sich stützt, und dessen Herz sich abwendet vom Herrn« (Jer 17,5). Das sind harte und negative Worte, aber sie stimmen. Einige Verse weiter lesen wir: »Gesegnet der Mann, der auf den Herrn sich verläßt und dessen Hoffnung der Herr ist« (Jer 17,7). Nach diesen Worten folgt die Verheißung von Gesundheit: »Er ist wie ein Baum, der am Wasser gepflanzt ist und am Bach seine Wurzeln ausstreckt: Er hat nichts zu fürchten, wenn Hitze kommt; seine Blätter bleiben grün; auch in einem trockenen Jahr ist er ohne Sorge, unablässig bringt er seine Früchte« (Jer 17,8). Gott sagt, daß Sie geheilt bleiben werden, wenn Sie ihm vertrauen.
2. *Halten Sie sein Wort.* Der Rat aus den Sprüchen ist es wert, daß man ihn sich merkt: »Mein Sohn, achte auf meine

Worte, neige dein Ohr meiner Rede zu! Laß sie nicht aus den Augen, bewahre sie tief im Herzen! Denn Leben bringen sie dem, der sie findet, und Gesundheit seinem ganzen Leib« (Spr 4,20-22).

3. *Bekennen Sie einander Ihre Sünden.* Um Heilung zu erlangen, ist mehr nötig, als nur eine Salbung mit Öl. Die Worte aus dem Jakobusbrief machen es deutlich: »Ist jemand krank unter euch? Er rufe die Ältesten der Gemeinde zu sich, und sie mögen über ihm beten und ihn mit Öl salben im Namen des Herrn. Und das Gebet des Glaubens wird den Kranken retten, und der Herr wird ihn aufrichten, und wenn er Sünden begangen hat, wird ihm vergeben werden. Bekennt nun einander die Vergehungen und betet füreinander, damit ihr geheilt werdet; viel vermag eines Gerechten Gebet in seiner Wirkung« (Jak 5,14-16, Elberfelder Übersetzung).

4. *Sprechen Sie Gottes Sprache.* »Mancher Leute Gerede verletzt wie Schwertstiche, die Zunge der Weisen bringt Heilung« (Spr 12,18). Wenn Sie in vollkommener Gesundheit leben wollen, müssen Sie lernen, so zu reden, wie Gott redet. »Wer seine Lippen hütet, bewahrt sein Leben ...« (Spr 13,3a).

5. *Verbringen Sie Zeit im Gebet.* »Wer im Schutz des Höchsten wohnt und ruht im Schatten des Allmächtigen ...« (Ps 91,1). Der »Schutz« ist das Gebet. »... der sagt zum Herrn: ›Du bist für mich Zuflucht und Burg, mein Gott, dem ich vertraue.‹ Er rettet dich aus der Schlinge des Jägers und aus allem Verderben. Er beschirmt dich mit seinen Flügeln, unter seinen Schwingen findest du Zuflucht, Schild und Schutz ist dir seine Treue« (Verse 2-4).

Und dann spricht der Psalmist eine großartige Verheißung aus: »Dir begegnet kein Unheil, kein Unglück naht deinem Zelt. Denn er befiehlt seinen Engeln, dich zu behüten auf all deinen Wegen« (Verse 10-11).

Gebet erhält Sie gesund.

6. *Widerstehen Sie dem Teufel.* »Ordnet euch also Gott unter, leistet dem Teufel Widerstand; dann wird er vor euch fliehen. Sucht die Nähe Gottes; dann wird er sich euch nähern ...« (Jak 4,7-8a). Wie stoßen Sie Satan von sich weg? Indem Sie sich dem Herrn unterordnen.
7. *Beachten Sie die Regeln der Natur.* Warum sollte der Herr Ihnen weiterhin Heilung schenken, wenn Sie seine Regeln für eine gute Gesundheit mißachten? »Wißt ihr nicht, daß ihr Gottes Tempel seid und der Geist Gottes in euch wohnt? Wer den Tempel Gottes verdirbt, den wird Gott verderben. Denn Gottes Tempel ist heilig, und der seid ihr« (1 Kor 3,16-17).

Wenn Sie diese sieben Regeln der Heilung einhalten, können Sie bleibende Gesundheit und Leben erfahren.

Was essen Sie?

Das Wort des Herrn ist in bezug auf das Essen, das wir zu uns nehmen, präzise. Im Gesetz des Mose gab der Herr den Juden Regeln für ihre Nahrung, aber viele Leute lachen über diese Anordnungen und halten sie für altmodisch und belanglos.

Auch auf das Risiko hin, mißverstanden zu werden, möchte ich hier meine persönlichen Überzeugungen darüber, welche Nahrung wir essen sollen und welche nicht, mitteilen.

Vielleicht halten Sie mich für »altmodisch« oder unrealistisch, aber ich esse keine Nahrung, die uns die Bibel verbietet.

Sie mögen sagen: »Benny, Sie wurden in Israel geboren, wo man bestimmte Dinge einfach nicht ißt.« Das ist nicht der Grund. Es ist keine kulturelle Angelegenheit. Ich will Ihnen hier nicht sagen, was für Sie richtig ist, aber das Wort ist für mich: das Wort. Wenn es mir sagt, ich solle etwas nicht zu mir nehmen, dann esse ich es nicht.

Pastor Benny Hinn, der von seinem Stottern geheilt wurde, predigt heute in aller Welt das Evangelium von der Liebe Gottes.

Nach zwei erfolglosen Darmoperationen sagten 1991 die Ärzte zu Charlie McLain: »Wir können nichts mehr tun.«

Marsha Brantley aus Broken Arrow, Oklahoma, litt seit ihrer Kindheit an Arthritis.

1990 wurde Dave Lane aus Cookeville, Tennessee, gesagt: »Sie haben noch dreißig Tage zu leben.«

1992 gaben Dave und Rebecca Lane Zeugnis von der Heilung von Krebs bei einer Evangelisation.

Im Juli 1991 wurde bei Dick Gadd aus Myrtle Beach, South Carolina, Krebs festgestellt.

Dick und Judy Gadd mit ihrem Enkel Justin, der am Ostersonntag getauft wurde.

Sarah Knapp aus Johnston City, Illinois, wurde aufgrund einer schweren Schädigung ihrer Muskeln und Nerven arbeitsunfähig.

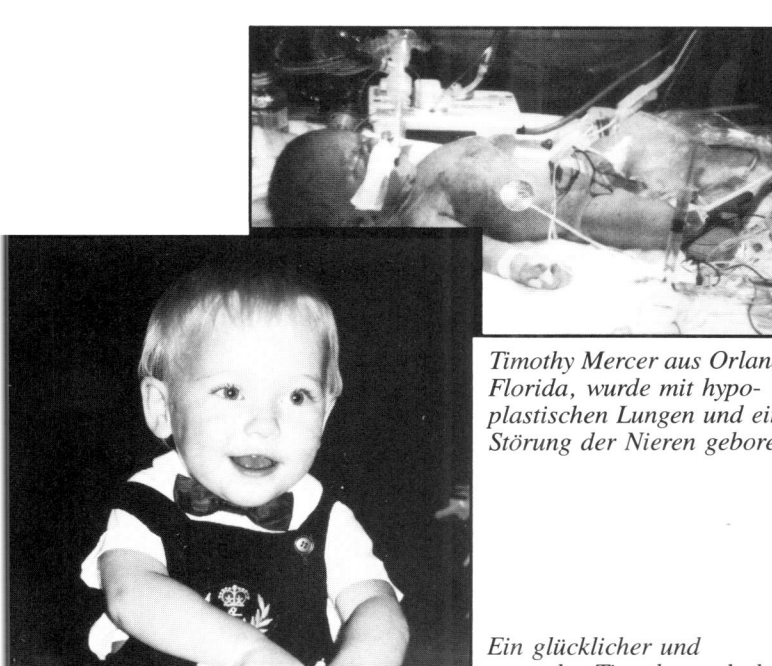

Timothy Mercer aus Orlando, Florida, wurde mit hypoplastischen Lungen und einer Störung der Nieren geboren.

Ein glücklicher und gesunder Timothy nach dem wunderbaren Eingreifen Gottes.

Kathie McGahuey, hier mit ihrer Familie, war aufgrund lebensgefährlicher allergischer Reaktionen jahrelang bettlägerig.

Kathie und ihre Friseuse freuen sich gemeinsam über ihre Genesung und die Rückkehr ihrer Haare.

Kathie und Ken, wieder gesund.

Nachdem bei Doreen Maddeaux 1988 eine Herzerkrankung diagnostiziert worden war, unternahm sie eine Reise nach Israel.

1992 beim Warten auf den Zug nach Hause. Doreen, strahlend nach ihrer Heilung bei einer Evangelisation in Lansing, Michigan.

Doreen berichtet in ihrem Heimatland Kanada anderen von Gottes Gnade.

Pastor Benny Hinn predigt Tausenden die Botschaft der Heilung.

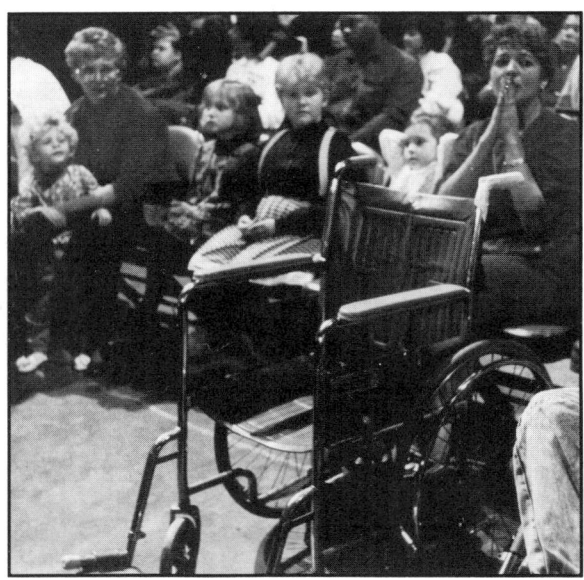

Bei einem Heilungsgottesdienst. Eine stille Erinnerung an Gottes wunderwirkende Kraft.

Ist es nicht erstaunlich, daß die Ernährungsexperten und die Ärzte den Menschen heute viele der Nahrungsmittel empfehlen, von denen Gott Mose befohlen hatte, die Kinder Israel anzuweisen, daß sie dieselben essen sollten? Das, was die Kirche viele Jahre lang nicht glauben wollte, wird nun von der Welt »entdeckt«.

Eine Entdeckung nach der anderen zeigt uns, daß bestimmte Nahrungsmittel Krebs verursachen. Und trotzdem haben die Menschen jahrhundertelang ignoriert, was Gott zu Mose sagte, und die Physis hat daraufhin gelitten.

Warum halte ich mich an »biblische Lebensmittel«? Mein Argument mag geistlich schwach sein, aber wenn man sich umsieht, ist es das nicht mehr. Sie mögen anderer Meinung sein, aber ich teile Ihnen dies nur aus Liebe und Sorge mit. Ich möchte nicht, daß Sie oder Ihre Familie nur wegen Ihrer Eßgewohnheiten unter Krankheiten leiden.

Gott kann Sie jetzt sofort heilen. Aber Sie werden Ihre Heilung nicht behalten, wenn Sie Ihrem Körper etwas zumuten, was er, wie ich glaube, mißbilligt. Ich esse zum Beispiel kein rohes Fleisch. Gott hat gesagt, daß wir kein Blut essen sollen. Sie sagen: »Wenn es nicht im Neuen Testament steht, werde ich nicht darauf hören.«

Jakobus sagte zum Rat der Ältesten und Apostel in Jerusalem: »Darum halte ich es für richtig, den Heiden, die sich zu Gott bekehren, keine Lasten aufzubürden; man weise sie nur an, Verunreinigung durch Götzen(opferfleisch) und Unzucht zu meiden und weder Ersticktes noch Blut zu essen« (Apg 15,19-20).

Gott sprach viel über das Thema Nahrung. Wußten Sie schon, daß alle Schriftstellen über Nahrungsmittel zusammengenommen eines der längsten Bücher der Bibel ergeben würden?

Einige Leute versuchen, einen Vers zu finden, der Hunderte von Schriftstellen bezüglich Gottes Regeln für Gesundheit außer

Kraft setzt. Aber ich glaube, daß seine *gesamte* Lehre einen Sinn hat.

Sie mögen anderer Meinung sein, aber ich glaube, daß ich dem Vater gegenüber verpflichtet bin, seine gesunde Nahrung zu essen. Und ich habe mich entschlossen, nach seinen Regeln zu leben.

Ich bin in diesem Punkt nicht gesetzlich, aber ich glaube wirklich, daß ich am gesündesten esse, wenn ich Gottes Speiseplan befolge. Ich glaube auch, daß wir vorsichtig sein müssen mit den Chemikalien, die wir durch die aufbereiteten und behandelten Nahrungsmittel, die wir essen, in uns aufnehmen. Liebe Freunde, bitte mißverstehen Sie mich an dieser Stelle nicht. Ich liebe jeden von Ihnen und möchte nichts weiter, als daß Sie das, was Sie essen, ernst nehmen, und daß Sie bedenken, daß Gottes Wort ausführlich davon spricht, daß wir gesunde Nahrung zu uns nehmen sollen. Schauen Sie selbst in die Schrift. Überlegen Sie, was Sie essen, und treffen Sie dann Ihre eigene Entscheidung.

Nun noch ein kurzes Wort zum Sport. Ich glaube, daß zusätzlich zu guten Eßgewohnheiten der regelmäßige Sport ein weiterer Weg ist, wie wir gesund bleiben können. Es ist gleichgültig, wie alt oder wie fit Sie sind. Es gibt bestimmt eine Sportart, die für Sie genau die richtige ist.

Ich versuche, jeden Tag etwas Sport zu treiben, und ich fühle mich immer besser, wenn ich das realisiere. Gott hat uns mit der Intelligenz gesegnet, und es erscheint mir absolut sinnvoll, sie zu nützen. Gott will, daß wir nicht nur geistlich für uns sorgen, indem wir die Schrift lesen, ihn anbeten und bekennen, sondern daß wir auch für unser physisches Wohl mit Hilfe einer angemessenen Lebensweise Sorge tragen; dessen bin ich mir sicher.

Der Herr will, daß wir ein langes, fruchtbares und gesundes Leben führen. Heilung ist eines der grundlegenden Dinge, die uns Gott in seinem Bund mit uns gibt. Ich möchte Sie ermutigen, sich heute für ein Leben in ständiger Verbindung mit unserem Herrn Jesus zu entscheiden. Wir wollen die Wohltaten eines gesunden Lebens genießen und Gottes Vorsorge für Heilung bekennen, wenn Krankheit in unser Leben eindringt. Sie können jetzt sofort Gottes Verheißungen für Heilung bekennen und seinem Versprechen vertrauen, daß er Ihre Gesundheit wiederherstellen wird (vgl. Jer 30,17).

Für mich stand die wunderwirkende Kraft des Herrn nie zur Diskussion. Das überlasse ich den Kritikern, den Zweiflern, den Skeptikern und denen, die niemals Gottes heilende Berührung erlebt haben.

Meine Erfahrung hat mir gezeigt, daß das viele Jahre andauernde, schwer zu ertragende Stottern plötzlich vollkommen geheilt war.

Doch wie ergeht es den vielen, vielen anderen Menschen, die erkrankt sind und sich nach einer Heilung sehnen?

Im zweiten Teil lesen Sie von geprüften Menschen. Vielleicht haben Sie selber ähnliche Probleme oder kennen jemanden, der an den geschilderten Krankheiten leidet. Bei den beschriebenen Fällen ist den Menschen – bei all ihrer Verschiedenheit – eines gemeinsam: Sie hoffen inständig auf Rettung, auf ein Wunder vom Herrn.

Teil II

WUNDER, DIE GOTT GEWIRKT HAT

Kapitel 9

»Kathies Allergieproblem«

Am 19. Mai 1980 brach der Vulkan St. Helens im Staat Washington aus. Er spuckte enorme Mengen Asche, verdunkelte den Himmel und verschmutzte die Umwelt im Umkreis von mehreren hundert Kilometern.

Katharina McGahuey erinnert sich noch sehr gut daran. Sie war damals dreiunddreißig Jahre alt und wohnte mit ihrem Mann und ihren Kindern in Milwaukie, Oregon, einem Vorort von Portland.

Katharina, genannt Kathie, sagt nicht, daß der Vulkanausbruch ihre Probleme verursacht habe, aber das war der Zeitpunkt, als sie bemerkte, daß etwas mit ihr nicht stimmte. »Ganz plötzlich wurde ich jedesmal dann, wenn ich etwas aß, schwer krank«, sagt sie.

Eine lebensbedrohliche Situation

Bisher hatte sie nichts Derartiges erlebt. »Oh, natürlich haben wir alle als Kinder irgend etwas, was uns juckt und weswegen wir uns kratzen müssen, aber ich hatte alles in allem mein Leben lang eine gute Gesundheit«, erzählt Kathie.

Die Reaktionen wurden schlimmer. Viermal wurde sie mit dem Krankenwagen ins Krankenhaus gebracht. »Meine Familie glaubte, ich hätte einen Herzanfall«, berichtet Kathie.

Wenn sie dann in der Unfallstation ankam, ließen die Symptome schon wieder nach, und es war den Ärzten unmöglich, ihren Zustand zu diagnostizieren oder zu dokumentieren. Endlich, als sie zum vierten Mal einen ihrer ungewöhnlichen Anfälle hatte, waren die Reaktionen heftig genug, so daß die Ärzte ihr Problem mit Hilfe von Blutuntersuchungen und einem EKG diagnostizieren konnten. Sie teilten Kathie mit, sie habe einen »anaphylaktischen Schock«, eine seltene, schwere, erschreckende und lebensgefährliche allergische Reaktion.

Bei den meisten Menschen tritt diese Reaktion für gewöhnlich nach einem Insektenstich oder als Reaktion auf ein Medikament wie zum Beispiel Penizillin auf. In Kathies Fall hatten die Ärzte keine Ahnung, was den Schock verursachte.

Der Hausarzt der Familie McGahuey, ein praktischer Arzt, der Kathie seit ihrer Kindheit kannte, wußte nicht, wo er mit der Suche beginnen sollte. »Er war ein wunderbarer Arzt, und ich werde nie den Tag vergessen, als er gemeinsam mit mir wegen meines Zustandes weinte«, sagte Kathie.

Sie wurde an einen hervorragenden Allergologen überwiesen, aber weil es so viele Substanzen gab, die eine schwere Reaktion hervorrufen konnten, war er äußerst vorsichtig. Er befürchtete, sie könne an den Tests sterben. Es sah so aus, als ob beinahe alles, was der Arzt unternahm, ihren Zustand verschlimmerte. Die Ursache dafür waren – wie sie später erfuhr – Farbstoffe und Chemikalien. »Man sagte mir, ich sei ein universaler Reagin-Typ; ich reagiere auf beinahe jeden Reiz allergisch«, berichtet sie.

Jahre der Frustration

In den kommenden Jahren suchten Kathie, ihre Familie und ihre Ärzte sorgfältig nach einer Antwort. Sie versuchten, durch systematisches Ausprobieren die Ursache für ihre Überreaktion herauszufinden. Waren es Baumpollen? Hausstaub? Hefe? Spezielle Lebensmittel? Sie versuchten, die Dosen verschiedener

Allergene langsam zu steigern, um die Bildung von Antikörpern zu fördern und so bestimmte Reaktionen zu blockieren.

Nichts funktionierte. Nach zahllosen Tests war die Ärzteschaft immer noch am Rätseln, was die Ursache ihrer Symptome war. Ein Allergologe sagte: »Kathie, Sie sind der eine Fall unter Hunderten, dem wir nicht helfen können.«

An manchen Tagen hatte sie nach einem Anfall das Gefühl, als hätte sie einen großen Klumpen in ihrer Kehle. Kathie berichtete: »Meine Kehle schloß sich dann, und ich hatte diese schreckliche Reaktion, bei der sich die Muskeln rund um das Herz schlossen. Außerdem litt mein Gehirn unter schwerem Sauerstoffmangel. Ich wurde einfach ohnmächtig.«

Ihr Zustand verwirrte und entmutigte Kathie. »Wenn es durch etwas verursacht wurde, was ich aß, warum konnten sie mir dann nicht sagen, was es war?« fragte sie sich. »Ich konnte es einfach nicht verstehen.«

Später erfuhr sie, daß eines der Dinge, auf die sie reagierte, nicht unbedingt das Essen selbst war, sondern das, was sich auf dem Essen befand. Aber das war nur ein Teil ihres Problems.

Einer ihrer Ärzte schrieb, als er ihren Zustand dokumentierte: »Diese Patientin leidet seit mehreren Jahren unter extremer Umweltkrankheit oder einem Hypersensibilitätssyndrom gegen Chemikalien. Nach dem Kontakt mit bestimmten Substanzen zeigte sie anaphylaktische Reaktionen und mußte bei zahlreichen Gelegenheiten als Notfall ins Krankenhaus eingewiesen werden.«

Weiter steht in dem Bericht: »Sie hatte so extreme Lebensmittelallergien und reagierte so sensibel, daß sich ihre Diät ausschließlich auf Kartoffeln beschränkte – jedes andere Nahrungsmittel rief eine allergische Reaktion hervor. Sie konnte weder Seifen noch Waschmittel, den Duft von Parfüm, synthetische Kleidung, Leitungswasser, Dieselabgase und verschiedene andere Allergene vertragen. Es gab Residuen von Viren aus früheren Erkrankungen in ihrem Körper. Ihr geschwächtes Immunsystem konnte die Viren nicht vernichten, wodurch es zu multiplen Organmanifestationen kam.«

Leben in einer genau kontrollierten Umgebung

1985 gab es immer noch keine Lösung für Kathies Problem, und sie bekam etwas, was sich nur als ein totaler Zusammenbruch ihres Stoffwechsels beschreiben läßt. »Als die meisten meiner Organe – Leber, Nieren, Milz und Nebennieren – begannen, ihre Tätigkeit einzustellen«, sagt sie, »glaubten die Ärzte, ich würde sterben.«

Ihr Zustand wurde so ernst, daß sich ihre Haut vom Kopf bis zu den Zehen in großen Stücken abschälte. »Ich war wie eine Schlange, die ihre Haut abwirft«, sagt sie. »Wenn die Leute mich sahen, drehten sie den Kopf zur Seite. Damals wurde AIDS gerade zu einem Begriff, und die Leute dachten offensichtlich das Schlimmste.«

Das Trauma, das Kathie durchlitt, war nicht weniger schlimm für ihren Ehemann Kenneth, den es quälte, sie in diesem Zustand zu sehen. »Zuerst verstand er es nicht und wollte vor der Realität davonlaufen«, sagt sie. »Aber als mein Zustand sich verschlechterte, wurde er für mich zu einer echten Stütze.«

Im Laufe der Zeit wurde Kathie allmählich zu einem Einsiedler. Sie erkannte, daß die Reaktionen nicht mehr so häufig waren, wenn sie ihre Umgebung kontrollierte. »Ich mußte mich buchstäblich einschließen und von den Dingen fernhalten, von denen ich glaubte, daß sie mir Probleme bereiteten.«

All ihre Tätigkeiten waren auf das Haus beschränkt. »Ich mußte lernen, daß ich nicht so leben konnte wie alle anderen«, sagt sie.

»Die Leute verstehen nicht, was es heißt, an einem Ort zu sein, wo es keine Reinigungschemikalien gibt, keine Essen- oder andere Gerüche«, sagt Kathie. »Es ist, als ob einen die gesamte Umgebung angreift. Alles, was man riecht oder berührt oder ißt, macht einen krank. Es wäre einfacher, zu sterben als zu leben.«

»Werde ich jemals geheilt werden?«

Es gab allerdings noch einen Ort außerhalb ihres Hauses, den sie aufsuchte – ihre Gemeinde. Seit jenem Tag, als sie im Alter von acht Jahren ihr Herz Christus geschenkt hatte, war der Herr das Zentrum ihres Lebens.

Die Leute in der Gemeinde machten sich große Sorgen wegen ihres Problems und taten, was sie konnten, um eine gesunde Umgebung zu schaffen. »Sie waren eine großartige Truppe, die mich emotional und geistlich stark unterstützte«, sagt sie.

Kathies Freunde beobachteten, wie sich ihr Zustand ständig veränderte. Er schwankte, wie das Pendel einer Uhr. »Erst sahen sie mich total abmagern, und dann schwoll ich plötzlich an, weil ich einen Gichtanfall hatte.«

Dreimal verlor Kathie ihre Haare. »Es war, als erhielte mein Körper eine Chemotherapie«, erklärt sie. Als ihr Haar wieder nachwuchs, war es vollkommen grau. Von ihren ursprünglich einhundertdreizehn Kilo zeigte die Waage schließlich nur noch fünfzig an.

Kathie war Christin und glaubte, daß es nicht Gottes Wille sei, zu sterben. Aber sie bekennt: »Es wäre einfacher für mich gewesen, zu sterben als zu leben. Es ist schwer, so viele Jahre gegen eine Krankheit zu kämpfen.«

Kathie McGahuey ist eine Frau des Glaubens, aber es fiel ihr schwer, weiterhin zu sagen: »Durch Jesu Wunden bin ich geheilt«, während andere sie ansahen und sagten: »Da muß irgend etwas nicht in Ordnung sein. Es dauert zu lange.«

Kathie fragte sich: »Wird der Herr meine Gebete je beantworten? Werde ich jemals geheilt werden?«

Kapitel 10

Jetzt fliege ich

*Kaum lebensfähig –
und anderen eine Hilfe*

Als wir 1990 begannen, unsere Fernsehsendung in Oregon auszustrahlen, begann Kathie, sie regelmäßig anzusehen. »Es schien, als würde mein Glaube von Tag zu Tag stärker und stärker, wenn ich sah, was der Herr im Leben anderer Menschen tat«, berichtet sie. »Ich betete, las das Wort und glaubte, daß Gott ein Wunder tun würde.«

Als angekündigt wurde, daß wir eine Evangelisation in Portland planten, begannen Kathies Erwartungen zu steigen. »Ich glaubte von ganzem Herzen, daß mich der Herr in einer dieser Veranstaltungen heilen würde.«

Am 25. Juli 1991, dem ersten Tag der Evangelisation, hatte Kathie einen weiteren schweren Anfall, aber sie war fest entschlossen, sich dadurch nicht vom Besuch der Eröffnungsveranstaltung abhalten zu lassen. Sie und ihr Mann Kenneth fuhren zum Auditorium.

Kathie glaubte nicht nur an Heilung, sie glaubte auch an den einen, der heilt. »Obwohl ich krank war, kamen Menschen zu uns, um sich in Gottes Wort unterweisen zu lassen«, berichtet sie. »Sie saßen dann auf dem Rand meines Bettes, und ich sprach mit ihnen über das Wort. Das hielt mich davon ab, depressiv zu werden und nur noch um mich selbst zu kreisen. Ich wußte, daß ich mich nicht auf meine eigenen Probleme konzentrieren sollte.«

Konzentrationsprobleme

Bei der Evangelisation in Portland hatten die McGahueys Plätze im vorderen Teil des Auditoriums. Kathie saß bewußt in der letzten Reihe dieser Sitzgruppe, weil sie nicht eingekeilt zwischen den Übelkeit hervorrufenden Reizen sitzen wollte. »Der Raum war ziemlich groß, und nirgends konnte man den Gerüchen entfliehen«, erzählt sie. »Ich saß so ruhig, wie ich konnte, und schloß meine Augen, damit ich mich durch den Lobpreis und die Anbetung auf den Heiligen Geist konzentrieren konnte. Ich wollte durch nichts abgelenkt werden.«

Kathie betete um ein Wunder, aber es fiel ihr schwer, gezielt zu beten. »In den vergangenen Jahren waren bei mir so viele verschiedene Krankheiten diagnostiziert worden, daß ich nicht wußte, wo ich beginnen sollte«, sagt sie. Jede einzelne dieser gesundheitlichen Störungen hätte einen normalen Menschen vernichtet. Die Ärzte hatten ihr gesagt, daß ihre Probleme die Folge von einer Vielzahl von Krankheiten waren, angefangen mit einer Störung in ihrem Blut bis hin zu einer Quecksilbervergiftung. An jenem Abend sagte Kathie dem Herrn: »Alles, was ich habe und bin, gehört dir.«

Der Gottesdienst nahm seinen Verlauf, und ich begann zu beten, der Herr möge den Glauben derer ehren, die ein Wunder nötig hätten. In dem Moment geschah etwas Übernatürliches mit Kathie.

»Plötzlich traf mich die Kraft Gottes so stark, daß ich sie im unteren Teil meines Bauches fühlen konnte«, berichtet sie. »Sie bewegte sich hinauf in meinen Brustkorb und in meinen Mund. Meine Zähne und meine Zunge fühlten sich taub an.«

Die Leute, die in ihrer Nähe saßen, begannen zu fragen, was denn los sei. »Ich konnte nicht sprechen«, sagt Kathie. »Ich konnte nur weinen.«

Als ich dann diejenigen nach vorne bat, die eine Heilung empfangen hatten, begann der Herr zu Kathie zu sprechen. »Ich hörte in meinem Inneren eine Stimme, die sagte: ›Wenn du nicht aufstehst und nach vorne gehst, wirst du das, was ich begonnen habe, verlieren‹«, erinnert sie sich.

Kathie war dermaßen schwach und abgemagert, daß es ihr an diesem Punkt des Gottesdienstes schwerfiel, das Gebäude nicht zu verlassen. Sie konnte ihren Zustand nur schwer beschreiben. Sie sagt: »Ich spürte, daß ich von vielen Kräften gleichzeitig angegriffen wurde. Ich wollte wegrennen und all den Gerüchen entfliehen.«

Aber sobald sie stand, geschah etwas Bemerkenswertes. »Ich hatte das Gefühl, jemand würde mir unter die Achseln greifen und mich sanft emporheben«, erinnert sie sich. »Und ich kann mich nicht einmal daran erinnern, den Boden berührt zu haben, als ich in den Gang hinaustrat, obwohl ich weiß, daß ich es tat.«

Kathie ging nach vorn in einen Bereich dicht bei der Bühne und sagte einigen von meinen Seelsorgern und einem Arzt, was ihrer Meinung nach geschehen war. Sie wollten sicher sein, daß die Heilung wirklich stattgefunden hatte. »Als Test besprühten sie mich mit Parfüm, um zu sehen, ob ich auf irgendeine Weise reagierte. Vielleicht sollte ich eher sagen, sie *überschütteten* mich damit, denn genau das taten sie«, berichtet Kathie. Normalerweise hätte ich dadurch einen Schock erlitten, aber nichts geschah.«

Wenige Minuten später ging Kathie auf die Bühne hinauf, um die Heilung, die geschehen war, öffentlich zu bekennen. Ich fühlte mich vom Herrn geleitet, ihr zu sagen: »Innerhalb von neunzig Tagen wird dein Haar wieder nachgewachsen sein. Du wirst zunehmen.«

Ein weiteres »erstes Mal«

Nach dem Gottesdienst fuhren die McGahueys wieder nach Hause. Sie waren glücklich über das, was geschehen war. »An jenem Abend ging ich zu Bett und schlief von kurz nach Mitternacht bis um halb vier in der Früh. Als ich aufwachte, war nichts passiert – und das war ungewöhnlich«, erzählt sie. »Wenn ich Gerüchen ausgesetzt war, entleerte sich normalerweise mein Darm, ich mußte mich erbrechen, bekam einen anaphylaktischen Schock und mußte vielleicht sogar ins Krankenhaus.«

Als Kathie in jener Nacht die Augen öffnete, sprach der Herr zu ihr und sagte: »Jetzt beginne ich mit deinem Zeugnis.« Sie konnte nicht wieder einschlafen. »Ich glaube, der Herr weckte mich auf, um mir zu zeigen, daß es keine allergische Reaktion auf die Dinge gegeben hatte, denen ich an jenem Abend ausgesetzt gewesen war. Ich war ein neuer Mensch.«

Als Kathie am nächsten Tag wieder zur Evangelisation kam, erlebte sie etwas, was zu einer ganzen Serie von »ersten Malen« für sie werden sollte. »Zum ersten Mal seit mehreren Jahren ging ich allein in eine öffentliche Toilette«, erzählt sie. »Wegen meiner Reaktionen auf Haarspray oder Reinigungsmittel hatte ich solche Orte meiden müssen. Als ich aus der Tür trat, lächelte ich – ich war so glücklich, wie ein kleines Kind über ein neues Spielzeug.«

Vom ersten Augenblick ihrer Heilung an ist Kathies Körper von Woche zu Woche kräftiger geworden. »Obwohl die Heilung von meinen allergischen Reaktionen innerhalb eines Augenblicks geschah, war mein Körper doch so abgemagert, daß es eine Weile dauerte, ihn wieder aufzubauen«, berichtet sie. »Man bekommt nicht über Nacht wieder ein gesundes Gewicht, wenn man halb verhungert war.«

Kathie kann wieder ein Auto lenken, im Garten arbeiten und Dinge tun, die viele Menschen für selbstverständlich halten. »Für mich ist jeder Tag ein neues Abenteuer«, sagt sie. »Ich weine und weine vor Freude, denn jetzt kann ich in die Kirche gehen und muß nicht rasch hinauslaufen, wenn jemand hereinkommt, der Weichspüler an seiner Kleidung hat – oder wenn jemand eine Lederjacke trägt.«

Nachdem sie so viele Jahre vor ihrer Umwelt weggelaufen war, mußte es Kathie regelrecht trainieren, nicht automatisch zu reagieren und sich zurückzuziehen. »Selbst nach meiner Heilung war die erste Reaktion auf die leiseste Andeutung eines Geruchs die, daß ich den Raum so schnell wie möglich verließ«, sagt sie. »Ich mußte mich wieder hinsetzen und mich daran erinnern, daß mich meine Umgebung nicht mehr plagte. Es ist, als hätte man mich von den Toten auferweckt und mir die Totenkleider ausgezogen.«

›Irgend etwas ist geschehen!‹

Obwohl Kathie ihre Heilung in einer meiner Evangelisationen empfangen hat, weiß sie genau, wie Gott Wunder vollbringt. ›Ich bin dankbar für einen Dienst, wie ihn Pastor Hinn tut, aber ich weiß, daß er nicht die Quelle ist. Jesus ist meine Quelle«, erklärt sie. »Ich weiß, daß Gott Menschen gebraucht und daß er einem erlaubt, zu einer bestimmten Zeit an einem bestimmten Ort zu sein, wo eine besondere Salbung ist.«

Nach ihrer Heilung konnte es Kathie kaum erwarten, wieder zu ihrem Arzt zu gehen. Sie nahm ihren Mann mit. »Noch bevor der Arzt mich untersuchte, sagte er: ›Irgend etwas ist mit Ihnen geschehen. Was ist passiert?‹« Ihr Mann strahlte nur.

Kathie berichtet: »Ich saß auf der Untersuchungsliege und erzählte ihm, was geschehen war. Und als er mich dann untersuchte, war ich sogar noch begeisterter. Er konnte nichts Krankhaftes finden.«

Selbst die Frau, die jahrelang ihre Friseuse gewesen war, wußte, daß etwas geschehen war. Sie hatte gesehen, wie Kathies Haare ausfielen und beinahe weiß waren, als sie wieder nachwuchsen. »Nach ihrem Wunder ist mehr als ein Drittel ihres Haares fast vollständig dunkel geworden.« Und weiter sagt sie: »Ich bin eine ausgebildete Friseuse, und ich habe noch nie gesehen, daß jemand seine natürliche Haarfarbe wiederbekommen hat, ohne seine Haare zu färben.«

Ihr Arzt sagt: »Es ist nicht nur ein Wunder, daß diese Frau noch lebt, sondern auch, daß sie sich so weit wieder erholt hat. Seit Juli 1991 hat sich ihr Zustand bemerkenswert verbessert. Kathie reagiert nicht mehr empfindlich auf Gerüche, ihre Diät ist nicht länger vollkommen eingeschränkt, und ihr Teint ist viel klarer und besser geworden. Meiner Meinung nach geschieht hier eine übernatürliche Heilung.«

Als sie und ihr Mann seit elf Jahren zum ersten Mal wieder aus der Stadt hinausgefahren waren, um einen Ausflug zu machen, sagte Kathie: »Mein Mann hat eine neue Frau.« Kathie und Kenneth haben vor kurzem ihren fünfundzwanzigsten Hochzeitstag gefeiert.

Auf Grund der Umweltverschmutzung ist die Krankheit, unter der Kathie litt, eine »Krankheit unseres Jahrhunderts« genannt worden. Kathie drückt das so aus: »Wegen der endlosen Tests, die man mit Menschen wie mir gemacht hat, nennt man uns ›Kanarienvögel‹ der Gesellschaft. Früher brachte man einen Käfig mit einem Kanarienvogel in die Kohlenminen, um festzustellen, ob es dort irgendwelche tödlichen Gase gab.«

Nach ihrem Wunder sagte Kathie: »Herr, ich bin kein kleiner Kanarienvogel mehr. Ich bin ein Adler. Und jetzt fliege ich.«

Sie hat zum Herrn gesagt: »Wenn du es für mich tun kannst, dann kannst du es für jeden tun.«

Kapitel 11

Hand in Hand

Dick und Judi Gadd verbrachten ihre zweiten Flitterwochen miteinander. Nachdem sie jahrelang mit ihren Kindern in den Ferien nach Myrtle Beach in South Carolina gefahren waren, hatten sie sich jetzt entschlossen, ihr kleines Geschäft in Elkins, West Virginia, zu verkaufen und für immer nach Myrtle Beach zu ziehen.

Eines Abends, als sie Hand in Hand den Strand entlang gingen, drückte Dick die Hand seiner Frau und sagte: »Weißt du, viel besser, als es jetzt ist, kann das Leben gar nicht mehr werden.«

Dann, im Juni 1991, geschah etwas, das ihren Traum völlig zerstören sollte. Dick bemerkte, daß er Blut ausschied. Sofort ging er zu einem Arzt am Ort, um sich untersuchen zu lassen. »Mir wurde gesagt, in meiner Blase sei eine verdächtige Wucherung«, berichtet Gadd. »Der Arzt bat mich, noch einen Urologen aufzusuchen, um ein weiteres Urteil einzuholen.« Die Ergebnisse der ersten Untersuchung wurden bestätigt.

Im Juli 1991 ergaben die Biopsien mehrere bösartige Wucherungen. Einige von ihnen hatten bereits den Muskel und die Blasenwand infiltriert. Erneut bekam Gadd von seinem Arzt die Empfehlung, noch andere Meinungen einzuholen, bevor sie über die verschiedenen Therapiemöglichkeiten sprachen. Dick berichtet: »Mir wurde gesagt, daß sowohl meine Blase als auch die Prostata herausgenommen werden müßten. Ich hoffte nur, daß ich um einen Dauerkatheter herumkommen würde.«

Dick und Judy stammten aus einer baptistischen und methodistischen Familie und nahmen ihren ganzen Glauben zusammen.

Judy sah den Arzt an und sagte: »Er wird geheilt werden. Vielleicht nicht durch Ihre Hände, aber er wird geheilt werden.«

Die Prognose

Das Ehepaar fuhr zurück nach West Virginia, um dort einen Urologen aufzusuchen, den die Familie recht gut kannte. Seine Befunde stimmten mit denen des anderen Arztes überein. Auf den Rat mehrerer Ärzte hin ging Dick in das Medical Center der Duke Universität in Durham, North Carolina.

Die Ärzte kamen zu dem Schluß, daß Dicks Blase, Prostata und Blinddarm entfernt werden müßten. »Wenn alles gut geht«, sagten sie ihm, »können wir aus einem Stück Ihres Darmes eine Blase rekonstruieren«. Das würde bedeuten, daß er keinen Katheterbeutel bräuchte.

Im September 1991 fuhr Gadd wieder in die Klinik der Duke Universität, diesmal, um sich operieren zu lassen. Am Abend der Operation wurde ein intravenöser Zugang in sein Handgelenk gelegt. »Irgendwie verletzte man dabei einen Nerv. Außerdem lief die Flüssigkeit neben der Vene in meinen Arm«, sagt er. »Meine ganze linke Hand und mein linker Arm waren geschwollen. Sie sahen aus, als wollten sie explodieren.«

Chirurgen arbeiteten an Dicks Arm, während er im Operationssaal lag. Die Entfernung der befallenen Organe und die chirurgische Rekonstruktion dauerten neun Stunden. »Sie nahmen etwa sechzig Zentimeter von meinem Darm und konstruierten eine neue Blase«, berichtet Gadd. »Dann legten sie einen Katheter.«

Die Operation wurde als erfolgreich bewertet. Als die pathologischen Berichte kamen, sagten die Ärzte zu Dick: »Sie können nach Hause gehen. Sie haben keinen Krebs mehr.«

Am selben Tag, an dem Dick die gute Nachricht erhielt, signalisierte ihm sein Körper plötzlich etwas völlig anderes.

»Meine Temperatur stieg sprunghaft auf mehr als vierzig Grad an, und ich bekam sehr starke Schmerzen«, berichtet Dick. »Die Ärzte brachten mich eiligst zum Röntgen, weil sie meinten, ich hätte vielleicht eine Lungenentzündung.«

Die Untersuchung ergab nichts, was das Fieber oder die Schmerzen erklären konnte. »Die hohen Temperaturen blieben, und ich fühlte mich, als habe man meinem Körper alle Energie entzogen«, berichtet Gadd.

Schließlich fand das Ärzteteam heraus, wo das Problem lag. Es war eine Infektion mit Candida, einer Hefepilzart, die sich auf Grund der Operation entwickelt hatte. Sie hatte den gesamten Blutstrom befallen. »Die Ärzte teilten mir mit, daß dies lebensgefährlich sei, da durch die Infektion jederzeit ein lebenswichtiges Organ seine Arbeit einstellen könne«, berichtet Gadd. Sie gaben mir ein starkes Medikament, das viele Nebenwirkungen hatte. Ich hatte mehrmals Schüttelfrost und zitterte am ganzen Leibe, und das Fieber hörte nicht auf.«

Für Dick waren diese neuen Probleme schlimmer als die Operation. »Ich hatte das Gefühl, daß ich langsam in einem Krankenhausbett dahinsiechte, und bat die Ärzte inständig, mich nach Hause zu lassen.«

Schließlich willigten die Ärzte ein, daß Gadd wieder nach Myrtle Beach zurückkehrte. Sie kümmerten sich darum, daß er eine Hauskrankenpflege erhielt und daß ein Arzt seinen kritischen Gesundheitszustand überwachte. Dick erhielt weiterhin intravenöse Medikamente, aber die Schmerzen ließen nicht nach.

Woher kommen die Schmerzen?

Noch bevor Dick das Krankenhaus verließ und nach Hause zurückkehrte, begann er, starke Rückenschmerzen zu haben. Aber die zahlreichen Ultraschalluntersuchungen zeigten nichts.

Im Oktober 1991 kehrte Gadd wieder zur Duke Universitätsklinik zurück, um sich den Katheter entfernen zu lassen und zu lernen, wie er seine neu konstruierte Blase kontrollieren konnte. Aber die Ärzte konnten die Ursache für seine fortbestehenden Rückenschmerzen nicht finden.

Die Liste seiner Beschwerden wurde länger. Jetzt verschlimmerte sich auch noch Dicks linke Hand. »Ich konnte sie nicht mehr kontrollieren«, sagt Gadd. »Meine Finger waren taub, und meine Hand zitterte unkontrollierbar. Die Finger ließen sich nicht mehr strecken.«

Dick hatte inzwischen zweiundzwanzig Kilo abgenommen. Er hatte immer noch hohes Fieber. Judy erzählt: »Mehrere Monate lang lag er entweder im Bett, auf der Couch oder in einem Ruhesessel.«

Im Februar 1992, als Dick zu einer Kontrolluntersuchung ins Krankenhaus zurückkehrte, hatte sich seine Hand noch nicht gebessert und er hatte weiterhin fürchterliche Rückenschmerzen. »Es war mir fast unmöglich, meine Hand zu benutzen. Man sagte mir, daß sie höchstwahrscheinlich für immer geschädigt sei«, erinnert sich Gadd.

Während des Besuchs führten die Ärzte eine letzte Untersuchung durch – eine Röntgenaufnahme des Brustkorbs. Zwei Tage später erhielt Dick einen Anruf. »Herr Gadd, wir müssen so schnell wie möglich eine Kernspintomographie durchführen.«

Als er fragte, warum es so dringend sei, wurde Dick mitgeteilt, er könne jeden Moment gelähmt werden. Die Spezialisten erklärten, seine Rückenwirbel seien zusammengepreßt. Sie wüßten aber noch nicht, was die Ursache dafür sei. »Seien Sie äußerst vorsichtig und lassen Sie die Untersuchung sofort durchführen«, sagten sie ihm.

Nach der Tomographie wurde am folgenden Tag noch einmal der gleiche Test angesetzt. »Herr Gadd, wir möchten, daß Sie so schnell wie möglich nach Durham zurückkommen, damit wir weitere Untersuchungen machen und Sie einem Krebsspezialisten vorstellen können«, wurde ihm gesagt.

Gadd begab sich wieder in die Universitätsklinik, und zwei volle Tage lang wurde eine Untersuchung nach der anderen durchgeführt. Die Diagnose lautete schließlich: Eine maligne Masse in seinem Rücken hatte den achten und neunten Wirbelkörper im Thorakalbereich angegriffen. Man eröffnete ihm: »Wir müssen sofort eine sechswöchige Bestrahlungstherapie beginnen. Und im Anschluß daran werden Sie eine Chemotherapie erhalten.«

Dick wurde gestattet, daß er in einem Motel am Ort wohnen könne und nur zu seinen Behandlungen in die Klinik zu kommen bräuchte. Aber er sagte den Ärzten: »Das geht nicht. Ich habe zu Hause einen Sohn im Teenageralter, den ich nicht allein lassen kann.«

Es gab noch ein weiteres Problem. Die Versicherung der Gadds war abgelaufen, und sie hatten bereits offene Rechnungen in Höhe von 50.000 $ für Behandlungen zu zahlen.

Dick und Judy fuhren nach Myrtle Beach zurück. »Ich war fest entschlossen, jede weitere Behandlung in der Nähe meines Heimatortes durchführen zu lassen«, berichtete Dick. Judy sagte zu den Ärzten: »Sie verstehen nicht, wieviel Glauben wir haben. Dick wird es schaffen.«

Judy streckte die Hand aus, so, wie sie es schon oft getan hatte, und hielt Dicks Hand. Diesmal war sie entstellt, aber das machte nichts. »Es wird alles gut werden«, flüsterte sie.

Kapitel 12

»Du wirst nach Florida gehen!«

Dick Gadd war sich nicht sicher, was er als nächstes tun sollte.

Eine ungewöhnliche Entwicklung hatte im vorigen Sommer begonnen. Wenige Tage nachdem zum ersten Mal Tumoren in Dicks Blase festgestellt worden waren, klingelte spät abends das Telefon. Dicks jüngerer Bruder John rief aus Elkins, West Virginia, an. »Du sollst wissen, daß wir für euch beten«, sagte er zu Dicks Frau Judy. Dann fragte er: »Habt ihr jemals von den Gottesdiensten gehört, die Benny Hill hält?«

»Du meinst Benny Hinn?« fragte Judy.

»Ja, so heißt er. Einer meiner Freunde hat mir von ihm erzählt.«

Dick und Judy hatten ein paarmal unser Fernsehprogramm gesehen. John sagte: »Falls Dick hingehen will, werde ich ihn zu einem der Gottesdienste fahren.«

Am nächsten Morgen trafen Sherry, Judys Nichte, und ihr Mann bei den Gadds ein. Sie waren die ganze Nacht von West Virginia nach Myrtle Beach gefahren, nur um für Dick zu beten. Sherry gab Dick eine ganze Einkaufstüte voll Kassetten. »Du mußt dir unbedingt diese Predigten anhören«, sagte sie. »Sie sind von einem Pastor namens Benny Hinn in Florida.«

Das Ehepaar blieb nur etwa zwei Stunden und fuhr dann wieder zurück nach Hause.

In jenem Herbst, im November 1991, rief Kim Eidell, eine junge Frau, die Dick und Judy vollkommen unbekannt war, aus West Virginia an und sagte, sie habe durch Angehörige von Dicks Zustand gehört. Sie sagte, daß sie auch für Dicks Heilung bete. Im März 1992 rief Kim wieder an. Sie befand sich gerade bei Dicks Mutter und sagte: »Wir kommen alle nach Myrtle Beach, und wir werden mit Ihnen nach Florida zum Orlando Christian Center fahren.«

Gadds Zustand hatte sich verschlechtert, und er war sich deshalb nicht so sicher, ob er die Reise antreten wollte. Aber die Frau sagte: »Sie haben keine andere Wahl. Sie werden nach Florida fahren!«

Dick berichtet: »Weil der Name dieses Dienstes schon so oft aufgetaucht war, entschieden Judy und ich, daß wir fahren würden.« Am Wochenende des 21. März 1992 traten elf Menschen in zwei Kleinbussen die Fahrt nach Orlando an.

Sie nahm seine Hand

»Wir besuchten den Gottesdienst am Sonntag vormittag. Ich hatte nie etwas Derartiges erlebt«, erinnert sich Gadd. »Die Gemeinde war völlig anders als jede Methodisten- oder Baptistengemeinde, die ich besucht hatte.«

Am Sonntag abend saßen Dick, Judy und ihre Freunde ganz vorne, etwa in der dritten Reihe des Auditoriums. »Zum ersten Mal in meinem Leben erhob ich in der Kirche meine Hände zum Herrn. Meine Hemmungen schienen zu verschwinden«, sagt Dick.

Als der Gottesdienst schon beinahe vorüber war, dachte Dick, daß dies nicht der Abend sei, an dem er ein Wunder erleben würde.

Nachdem ich an jenem Abend meine Predigt beendet hatte, sagte ich der Gemeinde: »Wir werden beten, daß Gott euch heute abend heilt. Wenn ihr eine Heilung braucht, dann legt bitte eure Hand auf den Teil eures Körpers, der geheilt werden muß.«

Dick legte seine Hand auf seinen Rücken. Judy streckte ihre Hand zu ihm aus und legte sie sanft auf seine deformierte Hand. »Als Pastor Hinn betete, spürte ich, wie eine Wolke über mich kam und meinen ganzen Körper vom Scheitel bis zur Sohle einhüllte«, berichtet Gadd.

Dick ging nach vorn, wo sich eine große Gruppe versammelt hatte und betete. Dick stand dort mit hoch erhobenen Händen, als ihn ein Ordner fragte: »Haben Sie eine Heilung empfangen?«

Gadd antwortete: »Ich weiß es nicht genau. Aber irgend etwas ist geschehen.« Dann erzählte er dem Ordner, daß ihn eine weiße Wolke wie ein Kissenbezug völlig eingehüllt hatte.

»Was für eine Krankheit hatten Sie?« fragte der Mann.

»Nun, ich hatte Krebs in meinem Rücken«, antwortete Dick.

Der Ordner brachte Gadd sofort auf die Bühne. Bevor ich für Dick beten konnte, berührte ihn Gottes mächtige Salbung, und er fiel vor dem Herrn zu Boden. »Nie zuvor ist mir etwas Ähnliches begegnet«, erinnert sich Dick.

Nach dem Gottesdienst gingen die Gadds und ihre Freunde in ein Restaurant, um über die Versammlung zu sprechen. Sie verstanden nicht ganz, was geschehen war. Im Laufe der Unterhaltung wandte sich Judy an Dick und sagte: »Könnte ich mal deine Hand sehen?«

Dick war so in das Gespräch vertieft, daß er antwortete: »Stör mich jetzt nicht. Ich unterhalte mich.«

Aber nachdem ihn seine Frau noch zweimal gefragt hatte, legte Dick seine Hand auf den Tisch. »Beide starrten wir völlig überrascht auf die Hand. Die Finger waren nicht mehr gekrümmt, und sie waren auch nicht mehr gespreizt. Meine Hand war vollkommen geheilt«, sagt Dick.

Der Bericht des Radiologen

Die Gadds freuten sich den ganzen Weg zurück nach Myrtle Beach. »Ich weiß, daß ich vollständig geheilt bin«, sagte Dick. »Es ist nicht nötig, noch einmal zum Arzt zu gehen.« Und dann setzte er noch hinzu: »Warum sollte ich Gott auf die Probe stellen?« Dick glaubte nicht, daß der Herr seine Hand heilte und den Krebs, der ihn umbringen würde, in seinem Körper ließ.

Einige Monate später, im Oktober 1992, hatte Gadd einen Autounfall. »Ein Lincoln fuhr mir von hinten in den Wagen«, berichtet er. »Nach einer Röntgenuntersuchung meinten die Ärzte, ich solle noch eine Kernspintomographie bekommen, um die beschädigten Wirbel zu kontrollieren. Da meine Autoversicherung die Untersuchung bezahlen würde, willigte ich ein.«

Gadd betete: »Herr, bitte laß sie nichts finden. Benutze die Untersuchungen, um deinen Namen zu verherrlichen.«

Einen Tag nach der Untersuchung rief der Arzt Gadd an und sagte: »Ich habe gute Nachrichten für Sie. Die Wucherung ist verschwunden. Das ist schwer zu erklären, da sich Krebs eigentlich nicht so verhält.«

Der Bericht des Radiologen lautete wie folgt: »Die früher festgestellte weiche Gewebemasse an den Wirbeln Th8 und Th9 ist nicht mehr zu sehen. Ferner hat sich die Signalcharakteristik dieser Wirbel verändert und bietet zum gegenwärtigen Zeitpunkt keinen Anhalt für Malignität.«

»Das ist der medizinische Fachjargon, um ein Wunder zu beschreiben«, sagt Dick.

Die Zukunft der Gadds hat sich drastisch verändert. Statt sich Gedanken zu machen, wie es bloß weitergehen soll, erzählen Dick und Judy jeden Tag anderen Menschen ihre Geschichte von Gottes heilender Kraft. Dick hat seine Arbeit wieder aufgenommen. Er baut und verkauft Häuser.

Wieder einmal gingen Dick und Judy am Strand von Myrtle Beach spazieren. Sie legte ihre Hand in die seine und sagte: »Du hast recht. Viel besser kann das Leben gar nicht werden.«

Kapitel 13

Ein Leben lang blind?

Seit mehr als zwei Jahren litt Lynn Whitmore unter Migräne. »Die Schmerzen waren fast unerträglich«, erinnert sie sich. »Und sie traten immer öfter und immer stärker auf.«

Lynn wohnte erst seit drei Jahren in Tennessee und wußte nicht, wohin sie sich wenden sollte. Sie hatte einen College-Abschluß in Musik und plante eine Konzertkarriere.

1989 wurde Lynn im East Tennessee Baptist Hospital in Knoxville aufgenommen, wo umfassende Untersuchungen durchgeführt werden sollten.

Als sie in ihrem Krankenhausbett lag und wieder einmal schreckliche Kopfschmerzen hatte, rief sie plötzlich nach der diensthabenden Schwester. »Bitte holen Sie einen Arzt«, schrie sie. »Mein linkes Auge ist gerade blind geworden.«

Der Arzt kam sofort und untersuchte die Pupillen und die Sehnervenscheibe im Auge. Die Sehnervenscheibe im rechten Auge war geschwollen und dick, was auf einen zu hohen Hirndruck hindeutete. Und er wußte, daß ernsthafter Schaden entstand.

»Ich sah absolut nichts«

Bei Lynn wurde eine Krankheit diagnostiziert, die unter dem Namen Pseudotumor cerebri bekannt ist, ein Zustand, bei dem das Gehirn den Eindruck hat, im Körper befände sich ein Tumor oder ein anderer Gegenstand, der nicht dort hingehört. Der Körper bekämpft diesen Zustand, indem er den Druck der Gehirn-Rückenmarksflüssigkeit erhöht. In Lynns Fall war der Druck dreimal so hoch wie normal.

Der Druck lag auf dem Sehnerv, der zum Auge führt. Wie die Ärzte erklärten, versuchte ihr Körper, etwas loszuwerden, von dem er spürte, daß es da war, verursachte damit aber ein viel größeres Problem.

»Sie brachten mich schleunigst in den Operationssaal und legten einen Lumbalshunt in das untere Rückenmark, um den Druck zu verringern und zu verhindern, daß ich auch auf dem anderen Auge erblindete«, berichtet Lynn.

Sie hatte gehofft, daß sie nach der Operation wieder sehen könnte, aber sie konnte mit ihrem rechten Auge noch immer nichts sehen. »Selbst wenn man mir mit einem starken Licht ins Auge leuchtete, sah ich absolut nichts«, sagt Lynn.

Bald erfuhr sie, daß der Eingriff nicht geholfen hatte.

Die Ärzte erklärten ihr, daß nicht das Auge selbst geschädigt worden sei, sondern der Sehnerv, der das Auge mit dem Gehirn verbindet. Es gibt zwei Sehnerven, einen für das rechte Auge und einen für das linke. In Lynns Fall war der Druck auf einen der Nerven so groß, daß der Nerv zerstört worden war und sie erblindete. Und dann kam die traurigste Nachricht. »Die Ärzte teilten mir mit, daß der Schaden nicht wieder zu beheben sei«, sagt Lynn und schüttelt ihren Kopf.

Der Nerv würde sich niemals wieder erholen.

Eine ganze Reihe von gesundheitlichen Problemen

Nach der Operation hatte sie weiter starke Kopfschmerzen. Lynn sagte zu dem Arzt: »Ich weiß nicht, ob ich die Schmerzen noch weiter ertragen kann.«

»Wir haben nicht allzu viele Möglichkeiten«, erwiderte er. »Vielleicht müssen Sie lernen, mit den Schmerzen zu leben.«

Lynn verlor allmählich das Sehvermögen auf ihrem anderen Auge. »Ich fühlte mich so hilflos«, erinnert sie sich.

Die Ärzte schrieben in ihrem Bericht: »Gestern hatten wir den Beginn von Nervenzuckungen im Gesicht. Es wurde ein Lumboperitonealshunt gelegt. Sie leidet unter ständigen Kopfschmerzen. Außerdem hat sie, verursacht durch einen Pseudotumor cerebri, teilweise das Sehvermögen verloren, was sich jedoch ausschließlich auf das rechte Auge beschränkt. Nachträglich hat sie an diesem Wochenende auch das Sehvermögen auf dem linken Auge verloren. Sie kann mit ihrem linken Auge Licht wahrnehmen, jedoch keine Formen erkennen. Sie leidet unter zahlreichen Medikamentenallergien.«

Am 28. März stand in Lynns Bericht von der neurologischen Klinik: »Die Kopfschmerzen unserer Patientin sind schlimmer geworden. Das Sehvermögen ihres linken Auges scheint häufiger als bisher zu schwinden und dann wiederzukommen. Ihr ist schwindelig, besonders wenn sie aufsteht. Sie hat keinerlei Lichtwahrnehmung mit ihrem rechten Auge.«[1]

An vielen Abenden weinte sich Lynn in den Schlaf. »Herr, bitte laß nicht zu, daß ich völlig blind werde«, betete sie. »Bitte hilf mir!«

Kapitel 14

»Hier, lesen Sie das!«

Im Dezember 1991 fuhren Lynn und ihre Adoptivmutter von ihrem Heim im Osten Tennessees nach Mobile, Alabama, wo wir eine Evangelisation abhielten.

»Während der ganzen Fahrt dorthin spürte ich, daß etwas Wunderbares geschehen würde«, sagte sie. Ich muß allerdings bekennen, daß ich nicht darum betete, mein Augenlicht wieder zu erhalten, denn man hatte mir ja gesagt, die Blindheit sei unwiderruflich. Ich wußte, daß das einfach nicht geschehen konnte.«

Lynn betete, daß sich der Herr um die Schmerzen in ihrem Körper kümmern möge.

Während des Gottesdienstes waren Lynn und ihre Mutter im Chor. »Wir dachten, daß wir einen besseren Platz bekommen würden, wenn wir uns freiwillig zum Singen meldeten«, sagte sie.

Wie immer waren im ersten Teil des Gottesdienstes die Lichter im Auditorium gelöscht. Nur ein Scheinwerfer beleuchtete die Bühne, wo ich gemeinsam mit Steve Brock, einem unserer Solisten, ein Duett sang.

Lynn erinnert sich: »Es war die erste Evangelisation, an der ich je teilnahm. Was ich sah, war – trotz meines eingeschränkten Sehvermögens – aufregend und begeisternd.«

Sie sah Engel

Lynn Whitmore sagt, daß sie nicht zu den Leuten gehört, die Visionen oder andere außergewöhnliche Erlebnisse haben. Aber von jenem Abend, als sie im Chor stand, berichtet sie: »Ich sah zwei Engel mit goldenen Gefäßen in ihren Händen. Es waren riesige Engel.« Sie wandte sich zu ihrer Mutter und sagte: »Ich sehe Engel, die goldenen Glitter aus Gefäßen über Benny und Steve Brock ausgießen.«

Ihre Mutter sagte: »Oh, das ist wunderbar. Wo siehst du es?«

Lynn sagte: »Gleich dort drüben. Sie sind in der Luft und schweben direkt über den beiden.«

Dann wandte sich Lynn um und rief aus: »Mama! Ich kann es mit meinem blinden Auge sehen!«

Als sie wieder auf die Bühne blickte, waren die Engel, die sie gesehen hatte, nicht mehr da. Aber ihr Auge war geheilt. Und auch die starken Schmerzen waren verschwunden.

Sie konnte es kaum erwarten, nach Texas zurückzukommen und sich erneut untersuchen zu lassen. »Mein Arzt ist fast ausgeflippt«, erinnert sie sich. »Er sagte: ›So etwas kann gar nicht passieren.‹«

Lynn sagte ihm: »Aber es ist passiert. Es ist wirklich passiert!«

Als sie fortfuhr, die Buchstaben auf der Sehprobentafel zu lesen, reagierte er mit: »Ich muß schon sagen ...« Das einzige, was sie nicht erkennen konnte, war der Unterschied zwischen den O's und den G's in der letzten Reihe.

Sie erinnert sich, was danach geschah. »Mein Augenarzt hängte eine andere Tafel auf, weil er meinte, ich wolle ihm vielleicht einen Streich spielen und hätte die Buchstaben auswendig gelernt.«

Dann nahm er eine medizinische Fachzeitschrift vom Tisch und sagte: »Hier, lesen Sie das.«

»Er hielt etwas, das wie ein Spatel aussah, vor mein gutes

Auge, und ich fing an zu lesen«, erinnert sie sich. »Einige der Fachbegriffe konnte ich nicht verstehen, aber ich las jedes einzelne Wort auf der Seite und buchstabierte die, die ich nicht aussprechen konnte.«

Der Bericht des Augenarztes vom 13. Januar 1992 lautete wie folgt: »Rechtes Auge 20/30+2, linkes Auge 20/30+2 (amerikanischer Wert – Anm. d. Übers.).«

Was wäre geschehen, wenn der Herr Lynn Whitmore nicht geheilt hätte? »Die Ärzte sagten mir, ich wäre völlig erblindet«, berichtet sie.

Lynn glaubt heute an Wunder.

Kapitel 15

Marsha braucht ein Wunder

Soweit sich Marsha Brantley aus Lawton, Oklahoma, zurückerinnern konnte, war sie immer krank gewesen.

»Seit ich achtzehn Monate alt war, hatte ich starke Schmerzen in meinen Beinen, meinem Rücken und meinen Gelenken. Meine Mutter erinnert sich, daß ich ständig weinte, weil die Schmerzen so heftig waren«, berichtet sie. »Ich hatte nicht genügend Kraft, um gemeinsam mit anderen Leuten irgend etwas zu unternehmen. Ich lernte einfach, mit dem ständigen Schmerz und der Schwäche zu leben.«

Dreißig Jahre lang waren die Ärzte nicht in der Lage, Marshas Krankheit zu diagnostizieren.

Das »Monster« bekommt einen Namen

1989 ging sie wegen eines Hautausschlags zum Arzt. Aber die Untersuchungen ergaben eine weitaus größere Komplikation – *Lupus erythematodes*, eine Form von Arthritis. Diese greift direkt die Gelenke an und verursacht Schwellungen, starke Schmerzen und Steifheit.

Bei Marsha beeinträchtigte die Krankheit die Blutzirkulation in ihren Fingern. Sie wurden blau und fühlten sich kalt an.

Die Arthritis beeinträchtigte auch andere Teile ihres Körpers. Ihre Augen und auch ihr Mund waren extrem trocken. Die Krankheit entzog ihr Energie, so daß sie sich die meiste Zeit schwach und müde fühlte.

»Als sie mir sagten, ich hätte Arthritis, wußte ich noch nicht einmal, was das war«, erzählt Marsha.

Marshas Zustand verschlechterte sich rapide. »Ich konnte einfach nicht arbeiten. Ich versuchte, meinen Abschluß zu machen, aber ich mußte einzelne Kurse aufgeben.«

Ein Krankheitstrio

Im Verlauf weiterer Untersuchungen wurden bei ihr schließlich noch weitere Krankheiten festgestellt: *Raynaud-Syndrom, Sjögren-Syndrom* und *Spondylitis ankylosans*, alles Krankheiten aus dem rheumatischen Formenkreis.[2]

»Meine Hüften und meine Schulter versteifen sich allmählich!« sagt sie. »Und die Arthritis verursachte starke Schmerzen und Schwellungen in den anderen Teilen meines Körpers. Außerdem hatte sie mich allergisch gegen helles Licht gemacht und war die Ursache dafür, daß ich Fieber bekam.«

Trostlos, trostloser, am trostlosesten

Schließlich konnte Marsha kaum noch arbeiten. Sie war nach Broken Arrow, Oklahoma, umgezogen, und ihre Mutter kam, um ihr zu helfen.

»Ich mußte sechzehn bis achtzehn Stunden am Tag im Bett liegen«, erinnert sie sich. »Ich war nicht in der Lage, mich selbst zu versorgen. Früher hatte ich sehr langes Haar, aber ich mußte es abschneiden lassen, als ich nicht einmal mehr einen Fön festhalten konnte, nachdem ich mir die Haare gewaschen hatte.«

Als sie keine Handtasche mehr halten konnte, begann sie, eine Gürteltasche zu tragen.

»Ich ging mit einem Stock, denn mein rechtes Knie und meine rechte Hüfte ließen sich kaum bewegen. Innerhalb kurzer

Zeit verschlechterte sich mein Zustand so sehr, daß ich einen Rollstuhl nehmen mußte, wenn ich überhaupt aus dem Haus wollte«, sagt sie. »Mein Arzt sagte, es sei nur eine Frage der Zeit, daß sich meine Hüften völlig versteifen und ich ständig einen Rollstuhl brauchen würde.«

Ihr Arzt war auch der Meinung, daß die Arthrithis das Bindegewebe ihres Gehirns in Mitleidenschaft gezogen hatte, wodurch ihr Gedächtnis beeinträchtigt wurde. »Es war, als würde ich jeden Tag gefoltert, ohne zu wissen, wie stark der Schmerz sein oder welcher Teil meines Körpers diesmal ausfallen würde.«

Die Ärzte hatten getan, was sie konnten. Ihre Freunde und ihre Familie hatten getan, was sie konnten. Doch trotz ihrer Liebe und ihres Mitgefühls fühlte sich Marsha hilflos und einsam.

»Mir blieb nur noch einer, an den ich mich wenden konnte«, sagt sie. »Ich legte meine Zukunft in Gottes Hände.«

Marsha brauchte ein Wunder.

Kapitel 16

Eine neue Marsha

Marshas Leidensweg hatte einen Punkt erreicht, wo sie unter starken Schmerzen litt und fast nur noch am Stock ging oder einen Rollstuhl benutzte.

Die Ärzte machten ihr wenig Hoffnung, und so betete sie, daß Gott sie heilen möge. »Der Herr sagte mir, daß ich geheilt werden würde«, berichtet sie. »Ich wußte nur nicht, wann oder wo.«

Ihre Schwägerin hörte von einer Evangelisation, die wir im Oktober 1991 in Tulsa, Oklahoma, durchführen wollten. Sie sagte zu Marsha: »Ich glaube, du wirst in jenen Versammlungen geheilt werden.«

Marsha berichtet: »Ich hatte noch nie von Benny Hinn gehört. Ich wußte nichts über Wunderevangelisationen. Ich dankte ihr einfach für ihre Gebete.«

Marsha war in einer Gemeinde groß geworden, in der nicht über Heilung gepredigt wurde. Sie erinnert sich: »Einen Monat vor der Evangelisation hielt mein Pastor eine Predigt darüber, daß alle Heilungen psychosomatisch seien und daß es keinerlei Belege für irgendwelche sogenannten Wunder gebe.«

Marsha glaubte dieser Predigt nicht.

In der Sonne warten

Da Marsha nicht mehr selbst Auto fahren konnte, bot ihr Schwiegervater an, sie am Freitag, dem 18. Oktober, zu der Evangelisation zu bringen. »Als wir bei dem Versammlungsgebäude ankamen, war ich erstaunt, was für riesige Menschenmengen darauf warteten, hineinzugelangen«, erinnert sie sich. »Da mein Schwiegervater mich begleitete, entschied ich mich, meinen Rollstuhl im Wagen zu lassen. Das war ein Fehler.«

Die Menschenmenge war so groß, daß Marsha ungefähr drei Stunden lang in der Schlange warten mußte. Ihr Schwiegervater stützte sie und schirmte sie von der starken Sonne ab. »Ich merkte, wie meine Temperatur stieg«, sagt sie.

Als sich die Türen endlich öffneten und sie hineingingen, hatte Marsha starke Schmerzen und weinte. »Aber mein Schwiegervater ließ nicht zu, daß ich mich setzte«, berichtet sie. »Wir gingen von einem Block zum nächsten. Er war entschlossen, mich so weit wie möglich nach vorne zu bringen. Glücklicherweise erlaubte man uns, in einem besonderen Block zu sitzen, der für die Gehörlosen reserviert war.«

An jenem Abend zeigte mir der Herr während der Versammlung, daß verschiedene Leute von bestimmten Krankheiten geheilt wurden. An einem bestimmten Punkt des Gottesdienstes sagte ich: »Gerade wird eine Blutkrankheit geheilt.«

Marsha Brantley nahm das für ihre Arthritis in ihren Schultern in Anspruch.

Als ich sagte: »Eine Krankheit des Blutkreislaufs wird geheilt«, beanspruchte sie das für das *Raynaud-Syndrom*. Und ich sagte: »Hier ist jemand mit Schmerzen in der Schulter. Der Schmerz verläßt Sie jetzt.«

»In dem Augenblick«, sagt Marsha, »verschwand all der Schmerz in meiner Schulter einfach. Der einzige Schmerz, den ich in meinem Körper noch empfand, war in meiner rechten Hüfte. Dann, einige Minuten später, sagte Pastor Hinn: »Hier ist jemand mit Schmerzen in der Hüfte. Der Schmerz verläßt jetzt Ihre Hüfte.«

Auch das muß für Marsha gewesen sein. »Ich konnte meine Hüfte bewegen. Der Schmerz war auf wunderbare Weise verschwunden. Was blieb, war ein Gefühl völligen Friedens. Ich war endlich vollkommen schmerzfrei. Es war wunderbar«, sagt sie.

Marsha ging ganz ohne jede Hilfe zu einem Bereich hinüber, wo Menschen ihr Zeugnis gaben. »Eine Dame bat mich, mich vornüber zu beugen. Ich berührte meine Zehen. Das hatte ich seit meiner Schulzeit nicht mehr tun können.«

Später, als sich Marsha und ihre Familie ein Video von dieser Versammlung ansahen, hörte sie, wie ich sagte: »Ein Knochenleiden wird geheilt.« Aber zu dem Zeitpunkt gab sie bereits ihr Zeugnis und pries den Herrn.

Das Haus renovieren

Als Marsha spät an jenem Abend zu Hause ankam, wurde gefeiert. »Meine Familie ließ mich im Haus herumlaufen. Ich mußte ihnen zeigen, was der Herr getan hatte«, erzählt sie.

Fast täglich entdeckte Marsha erneut, daß sie jetzt Dinge tun konnte, die sie nie für möglich gehalten hätte. »Ich habe das Haus meiner Mutter zum letzten Mal im Jahre 1988 renoviert, und damals konnte ich gerade so den Pinsel halten«, sagt sie. »Ich schien eine halbe Ewigkeit zu brauchen, um die Innenwände zu streichen. Aber nach meiner Heilung strich ich wieder ihr Haus und freute mich und pries den Herrn, weil ich keinerlei Schmerzen hatte.«

Als sie nach ihrer Heilung untersucht wurde, schrieb der Arzt: »Am 18. Oktober ging Marsha zu einer Zeltmission. Während des Gebets verspürte sie eine Veränderung in ihrem Körper. Seit diesem Zeitpunkt hat sie das Gefühl, von Wärme durchströmt zu werden. Sie hat keine Rückenschmerzen mehr, und ihr Kräftehaushalt ist gut. Sie fühlt sich wohl. Ihre Krankheit ist verschwunden. Sie bemerkte keine Veränderungen, als sie die Medikamente absetzte. Ihre Untersuchungsergebnisse sind, abgesehen von einer Hyperpigmentation, die von der Plaquenil-Behandlung übriggeblieben ist, normal. Ich habe sie noch nie zuvor mit warmen, rosigen Fingern gesehen.«

Obwohl Marsha Brantley ein großartiges körperliches Wunder erlebt hat, sagt sie: »Ich habe auch ein noch größeres geistliches Wunder empfangen. In meinem Herzen ist ein neuer Hunger nach Gottes Wort. Ich erfahre die Freude des Herrn in meinem Geist und weiß, was es heißt, einen Frieden zu haben, der alle Vernunft übersteigt.«

Marsha sagt: »Ich bin ein ganz neuer Mensch. Ich weiß aus Erfahrung, daß der Herr nicht will, daß sein Volk in Krankheit lebt. Er will, daß es geheilt wird.«

Wenn der Herr Marsha heilen kann, dann kann er auch Sie heilen.

Kapitel 17

Charlie hatte einen anderen Plan

Als Charlie McLain seinen Kampf gegen den Krebs gewonnen hatte, glaubte er, daß er nie wieder gegen einen solchen Feind antreten müsse. Aber er wußte nicht, was bereits auf ihn wartete.

1984 wurde bei dem Sachbearbeiter für Hypotheken und Kredite ein *Morbus Hodgkin* festgestellt, eine maligne Erkrankung des lymphatischen Gewebes. Damit begann für ihn eine Tortur, die zwei Jahre dauern sollte und drei Operationen sowie massive Chemotherapie und Bestrahlung einschloß.

»Der Herr brachte mich mit der Hilfe von zwei ausgezeichneten Ärzten durch«, sagt Charlie.

Man stellte fest, daß sich seine Hodgkin-Krankheit bereits im Stadium IV-A befand, welches kaum zu einem Stillstand zu bringen ist. Als dies doch eintraf, glaubte Charlie, seine Gesundheitsprobleme seien vorüber. Nach fünf Jahren, in denen kein Krebs wieder aufgetreten war, fühlte sich Charlie so gesund wie nie zuvor.

Dann, in der ersten Dezemberwoche des Jahres 1990, fühlte sich McLain plötzlich sehr krank. »Ich konnte nichts essen und hatte starke Magenschmerzen«, sagt er. Dieser Zustand trat ohne jede Vorwarnung auf. Er hoffte, die Schmerzen würden wieder vergehen, aber sie blieben. Er wußte, daß irgend etwas nicht in Ordnung war.

Zwei erfolglose Operationen

Am Abend des 12. Dezembers 1990, einem Mittwoch, suchte McLain die Notaufnahme des Saint Francis Hospitals in Tulsa auf und wurde mit starken Bauchschmerzen aufgenommen.

Die Diagnose lautete auf Verschluß des Dünndarms.

Drei Tage später wurde McLain operiert, aber die Chirurgen konnten keine Verengung entdecken, und so nähten sie ihn wieder zu und meinten, die Angelegenheit würde sich von selbst regeln. Doch dem war nicht so. »Meine Verdauungsorgane ließen nichts durch«, erinnert er sich, als sei es erst gestern geschehen.

Nach einer Serie eingehender Untersuchungen fanden sie die Verengung schließlich. Sie befand sich an einer äußerst ungewöhnlichen Stelle. Die Notoperation, die nun folgte, wurde zunächst als erfolgreich eingestuft. Die Ärzte entdeckten erhebliche Nachwirkungen der hochdosierten Bestrahlungen, die er bei seinem früheren Kampf gegen den Krebs erhalten hatte. Diese hohen Strahlendosen hatte in seinem Inneren großen Schaden angerichtet. Sein Darm war voller Verwachsungen. Einer der Ärzte beschrieb es wie folgt: »Durch die Strahlentherapie der Lymphome waren seine Darmwände vernarbt und verdichtet, wodurch sie aneinanderklebten und sich verdrehten.«

Charlie nennt diesen Zustand »gebraten«.

Auch diese Operation war ein Fehlschlag. Charlies Darm war immer noch verschlossen. Sein Fieber stieg auf vierzig Grad Celsius, dann sogar auf einundvierzig Grad an. Seine Lungen begannen, sich mit Wasser zu füllen, und es zeichnete sich ein Nierenversagen ab. Sein Darm funktionierte nicht mehr.

»Heiligabend war nicht unbedingt der beste Termin für eine Operation«, sagt Charlie. »Aber genau dann machten sie mich wieder auf.«

Die Chirurgen waren nicht erfreut über das, was sie sahen. Einer von ihnen sagte: »Der Darm war so geschwollen und entzündet, daß wir den Bypass einfach nicht legen konnten, und das kommt ziemlich selten vor. Ich machte mir große Sorgen, daß er es nicht überstehen würde.« Sie wußten, daß Charlie ein schwerkranker Patient war.

Zu seinem Spezialistenteam gehörten ein Onkologe, ein Gastroenterologe, zwei Urologen und mehrere Chirurgen.

Cyndii, Charlies Frau, sagt: »Damals wußten wir, daß er dem Tode nahe war.«

Zunächst nahmen sie einen Ballonkatheter, um die Gedärme auf Normalgröße zu erweitern. Die Ärzte hofften, daß Charlie wieder kräftig genug werden würde für eine weitere Operation. Sie wußten, daß sie es nicht sofort tun konnten, weil er sonst die Operation nicht überleben würde. Einer der beteiligten Ärzte sagte: »Wir hofften, die nächste Operation, wenn irgend möglich, in ein paar Monaten vornehmen zu können.«

»Bringt mich nach Hause, und ich werde geheilt werden«

Ungefähr achtundvierzig Stunden nach der Operation am Heiligabend war der Darmverschluß immer noch unverändert. Charlie sagte: »Ich blieb ungefähr zwei weitere Wochen im Krankenhaus, und die Ärzte versuchten, mich zu kräftigen und mein Gewicht zu erhöhen.«

Die Ärzte zeigten keinen allzu großen Optimismus. Einer von ihnen sagte zu McLain: »Sie müssen Geduld haben. Dieser Kampf wird noch sehr, sehr lange dauern.«

Die Chirurgen erklärten Charlie: »Wir haben zweimal operiert, und das Problem ist immer noch da. Unsere Möglichkeiten sind erschöpft. Offen gesagt, selbst wenn Sie es schaffen würden, Ihren Körper wieder so in Form zu bringen, daß wir operieren könnten, glauben wir nicht, daß Sie noch genügend Darm übrig haben, um den Bypass überhaupt legen zu können.«

Charlie hatte einen anderen Plan. »Nein«, sagte er den Ärzten. »Das wird nicht nötig sein. Bringen Sie mich nach Hause, und ich werde geheilt werden.«

Da sich Patienten häufig rascher wieder erholen, wenn sie sich daheim in ihrer vertrauten Umgebung befinden, entschied das Ärzteteam, McLain nach Hause zu lassen. Es war Mitte Januar 1991, als Cyndii ihren Mann wieder in ihrem Heim im Süden Tulsas begrüßen konnte.

Statt gut hundert Kilo wog Charlie jetzt nur noch siebenundsiebzig Kilo. »Ich war extrem schwach«, erinnert er sich. »Ich konnte meinen Arm nicht über meine Schulter hinaus hochheben, und es war mir beinahe unmöglich, meine Haare zu kämmen.«

Kapitel 18

»Charlie! Sehen Sie mich an!«

McLain glaubte nicht, daß die Ärzte richtig zugehört hatten, als er sagte: »Bringen Sie mich nach Hause, und ich werde geheilt werden.« Aber er glaubte, daß genau das geschehen würde.

Zu Hause war Charlie fünfzehn bis achtzehn Stunden täglich an einen Tropf angeschlossen.

»Bist du's wirklich?«

Am Abend des ersten Februars 1991, einem Freitag, lag McLain auf seinem Sofa und sah fern. Er hing am Tropf, und seine Frau Cyndii saß neben ihm. »Ich war so schwach, daß ich mich kaum bewegen konnte«, sagt er. »Ich konnte mich nicht einmal alleine anziehen.«

Die McLains sahen die »Mighty Warrior Conference«, die aus unserer Gemeinde, dem Orlando Christian Center, in die ganzen USA ausgestrahlt wurde. »Wir begannen, jeden Abend diese besonderen Fernsehsendungen zu sehen, wenn es meine Kräfte zuließen«, berichtet er.

Charlie beschreibt, was geschah. »Ich sah, wie Pastor Hinn für einzelne Menschen betete. Um ehrlich zu sein, ich war ein bißchen skeptisch wegen der vielen Dinge, die ich in religiösen Fernsehsendungen gesehen hatte. Ich wollte wissen, ob das, was ich da sah, wirklich so war.«

Charlie glaubte, daß der Herr die Macht hatte, ihn zu heilen. Aber während er die Sendung verfolgte, betete er: »Gott, zeige mir, daß das wirklich du bist. Sage mir, daß das wirklich etwas taugt. Zeige mir, daß dies ehrlich ist und kein Betrug.«

Zu diesem Zeitpunkt betete ich gerade während der letzten Minuten des Programms für die Kranken. Ich wirbelte zur Kamera herum und sagte: »Dies ist die Kraft Gottes. Willst du sie haben?«

Charlie, der bereits zweimal auf dem Operationstisch gelegen hatte, zögerte nicht lange mit seiner Antwort. »Ja, Herr«, sagte Charlie in seinem schwachen und hilflosen Zustand. »Ich will sie haben. Ich brauche ein Wunder!«

Was als nächstes geschah, war so erstaunlich, daß die McLains nicht glauben konnten, was sie sahen und hörten. McLain beschreibt es so: »Benny drehte sich um, sah direkt in die Kamera und sagte: ›Charlie! Sehen Sie mich an!‹ Dann betete er für die anderen Menschen weiter, die im Gottesdienst waren.«

Als das geschah, war Charlies Frau regelrecht schockiert. »Ich fühlte mich, als würde ich fast von der Couch gestoßen«, sagt sie.

Charlie war erstaunt, aber er war zu schwach, um zu reagieren. »Ich hatte wirklich keinerlei außergewöhnliche Gefühle«, erinnert er sich. »Es gab keinen Salut mit einundzwanzig Gewehrschüssen, und die Sterne blieben auch oben am Himmel. Aber ich wußte, daß das, was da geschehen war, mehr war als nur Zufall. Ich nahm es als eine Botschaft vom Herrn, daß er anfing, meinen Darmverschluß zu heilen.«

Hafergrütze und weich gekochte Eier

Am nächsten Tag sahen sich Charlie und Cyndii an und fragten sich: »Hat Benny Hinn das wirklich gesagt?« Zum Glück hatten sie die Sendung auf Video aufgenommen, und so spielten sie diese Stelle noch einmal ab. Da war es: »Charlie! Sehen Sie mich an!«

Cyndii sagte: »Liebling, ich glaube, du bist geheilt.«

Sie ging in die Küche und kochte das Abendessen. Charlie aß etwas Kartoffelbrei – sein erstes festes Essen seit Dezember. »Dann, am Sonntag morgen, aß ich etwas Hafergrütze und ein paar weichgekochte Eier«, sagt er.

Was geschah am Montag? Charlie sagt: »Es gibt eigentlich nur einen wirklichen Beweis dafür, daß der Darmtrakt funktioniert..., und Cyndii hörte mich aus der Toilette schreien: ›Ich bin geheilt! Ich bin geheilt!‹«

Charlie hatte den sichtbaren Beweis dafür, daß er wirklich geheilt war.

In jener Woche sahen ihn einige seiner Freunde, die im Krankenhaus für ihn gebetet hatten. Sie trauten ihren Augen nicht. »Wir waren in einem Mexikanischen Restaurant, und ich aß Fajitas«, lächelt er. »Am nächsten Tag aßen wir Chinesisch.«

Dann ging er in die Praxis jenes Gastroenterologen, der ihn mehrere Monate lang behandelt hatte – jenes Mannes, der ihm gesagt hatte, was für eine langwierige Tortur ihm bevorstünde.

»Na, wie geht es Ihnen denn heute?« fragte er und staunte, daß Charlie ohne Hilfe ging.

Charlie sagte zu ihm: »Es sieht so aus, als sei ich geheilt.«

Der Arzt erwiderte: »Aber sicher doch. Was haben Sie getan?«

»Nun, ich habe ein paar weichgekochte Eier gegessen«, antwortete McLain.

Der Arzt meinte: »Sehr gut. Das war raffiniert.«

Daraufhin setzte Charlie nach: »Die Fajitas waren auch sehr gut. Und das chinesische Essen hat mir wirklich geschmeckt.«

Im Laufe der Untersuchung kam der Arzt mehr und mehr zu der Überzeugung, daß tatsächlich etwas mit Charlie geschehen war. Weitere Untersuchungen ergaben, daß Charlies Därme frei waren. Der Arzt sagte: »Wissen Sie, das ist mit Sicherheit nicht auf unsere Arbeit zurückzuführen!«

Die *Tulsa World* dokumentierte McLains Heilung in einem großen Leitartikel. »Es gibt viele Dinge in der Medizin, die man einfach nicht erklären kann«, sagte einer seiner Ärzte.

Zehntausend Charlies

Charlie McLain glaubt, daß der Herr den Glauben derer ehrt, die von ihm Heilung erwarten. »Ich habe mich nach meiner Heilung noch eine ganze Zeit lang gefragt, warum ich die Worte ›Charlie! Sehen Sie mich an!‹ hörte, und nicht ›Hören Sie auf mich!‹«, sagt er. »Aber mir wurde klar, daß es nicht Benny Hinn gewesen war, der zu mir sprach, sondern der Herr. Er sagte mir: ›Du sollst nicht auf die Umstände sehen und zweifeln.‹ Jesus sagte mir: ›Vertraue auf Gott. Sieh mich an.‹«

Charlie drückt das so aus: »Vielleicht gibt es dort draußen zehntausend Charlies, die krank waren und an jenem Abend geheilt wurden. Aber ich wußte, daß Gott durch sein Zeugnis und durch das Blut des Lammes zu mir sprach.« Und weiter sagt er: »Einige meinten, es sei Zufall gewesen. Aber es trafen zu viele Zufälle zusammen. Es konnte einfach nichts anderes sein als ein Wunder.«

McLain sagt: »Als mir kein Mensch helfen konnte, half mir Gott.«

Kapitel 19

Keine Erleichterung in Sicht

»Sie sagten, das Problem sei in meinem Kopf, aber ich wußte, daß es in meinem Arm war«, sagt Sarah Knapp, eine examinierte Krankenschwester aus Johnston City, einer kleinen Gemeinde im Süden von Illinois.

Es gehörte zu ihrer täglichen Arbeit, schwere Patienten hochzuheben und schwere Geräte zu ziehen. Dann, eines Tages, sagte sie ihrem Mann Donald, daß sie seit neuestem ungewöhnliche Schmerzen in ihrer Schulter und ihren Armen bekäme. Die Schmerzen wurden zunehmend stärker.

»Ich erinnere mich, wie ich einmal dabei half, einen Patienten ins Bett zu heben, als meine Hand plötzlich anschwoll«, sagt sie.

Die Ärzte brauchten beinahe neun Monate, um herauszufinden, was los war. Man stellte fest, daß sie ein *Thoracic-outlet-Syndrom* hatte, eine Krankheit, bei der die Nerven, die aus der Schultergelenkpfanne kommen, von den Knochen und Rippen gequetscht werden. Das führt zu starken Schmerzen und einem Prickeln und Stechen in den Fingern. Man kann nicht mehr fest zugreifen, und andere Bewegungen mit der Hand sind beeinträchtigt.

Man sagte ihr, die Krankheit werde hauptsächlich dadurch verursacht, daß sie bei ihrer Arbeit immer die gleichen Bewegungen machen müsse.

Es muß eine Lösung geben

»Wenn man so starke Schmerzen hat, wie ich sie hatte, ist man bereit, beinahe alles zu tun, um den Schmerz loszuwerden«, sagt sie. »Auf der Rückseite meines Schulterblattes hatte ich eine Schwellung, die aussah wie eine große Honigmelone, und eine Seite meines Brustkorbes war fast um die Hälfte dicker als die andere Seite. Ich konnte weder auf dem Rücken noch auf meiner rechten Seite liegen.«

Sarah war nicht in der Lage, beim Essen eine Gabel zu halten. Sie konnte auch niemandem mehr die Hand schütteln.

Im jüdischen Krankenhaus in Louisville, Kentucky, wurde Sarah operiert, um das Problem zu beheben. Die Chirurgen entfernten ihre oberste Rippe und einige Halsmuskeln, und sie führten eine Lösung der armversorgenden Nerven durch.

Die Operation verbesserte ihren Zustand nicht.

»Die Schmerzen nahmen weiter zu, und ich verlor immer mehr Kraft in meinem Arm. Ich bekam Muskelschwund im rechten Arm, und meine Hand begann sich zu krümmen und wurde allmählich unbrauchbar«, erzählt sie. »Die Ärzte sagten mir, daß ich wahrscheinlich nie wieder gesund werden würde.«

Als Sarah aus der Klinik entlassen wurde und wieder nach Hause kam, hatte sie mehr Schmerzen als vorher, und das Taubheitsgefühl in ihrem Arm hatte zugenommen. »Tag um Tag saß ich da, hielt meinen Arm und weinte.«

Sarah fragte sich: »Werde ich den Rest meines Lebens in diesem Zustand verbringen? Es muß einfach eine Lösung geben.«

Kapitel 20

Es passierte blitzartig

Sarah und Don Knapp hatten unseren Dienst schon eine ganze Weile im Fernsehen verfolgt. Als sie hörten, daß wir eine Evangelisation in Spartanburg, South Carolina, planten, faßten sie den Entschluß, daran teilzunehmen. Das war im März 1991.

Obwohl die Veranstaltung ziemlich weit entfernt von ihrem Heim in South Carolina stattfand, sagte Sarah zu ihrem Mann Don: »Ich weiß, daß ich geheilt werde, wenn ich nur dort hinfahre.«

Es war eine Reise voller Erwartung und Vorfreude. »Wir waren noch nie bei einer von Pastor Hinns Evangelisationen.«

Das Auditorium war viel zu klein, und Hunderte wurden nicht mehr hineingelassen. Aber irgendwie schafften es die Knapps, einen Sitzplatz zu finden.

Sarahs Glaube war so stark, daß sie nicht bis zu dem Moment im Gottesdienst warten mußte, wo ich für die Kranken und Leidenden betete. Sarah erinnert sich, was in der Anbetungszeit geschah: »Mein Arm begann zu vibrieren, als stünde er unter Strom. Dann, blitzartig, schienen mein Arm und meine Schulter aufzugehen. Die Schmerzen verschwanden«, sagt sie.

Wieder beim Arzt

Die Heimfahrt erschien ihnen kurz. Die Knapps priesen den Herrn den ganzen Weg lang. »Obwohl die Schmerzen und die Qual aus meinem Arm und meiner Schulter verschwunden waren, dauerte es einige Wochen, bis die Muskeln wieder in meinen Unterarm zurückkehrten«, sagt sie. »Alle meine Freunde erfuhren, was geschehen war, und waren überglücklich.«

Aber das Wichtigste ist, daß sie wieder zu ihrem Arzt in Marion, Illinois, zurückkehrte, um sich untersuchen zu lassen. Sein Bericht lautete wie folgt: »Sarah Knapp ist eine Patientin, die wir in den vergangenen Jahren betreut haben.«[3]

Weiter steht in dem Bericht: »Sie hatte chronische Schmerzen, Taubheit und Schwäche in ihren Unterarmen, bis sie vor kurzem eine Evangelisation in Spartanburg, South Carolina, besuchte. Sie ist jetzt auf wunderbare Weise geheilt. Es wurde eine normale neurologische Untersuchung durchgeführt, bei der sie symptomfrei war. Sie hat bereits die Arbeit in einer Privatklinik in West Frankfort aufgenommen. Sie wird aus der Behandlung entlassen und wird sich, falls nötig, wieder bei uns vorstellen.«

Sarah dankt Gott jeden Tag für ihr Wunder.

Kapitel 21

Gibt es Hoffnung für Timothy?

Timothy Michael Mercer hatte eigentlich keine Überlebenschancen.

Er wurde am 11. Juli 1990 in einem Krankenhaus in Florida geboren, vier Wochen vor der Zeit. Die Ärzte diagnostizierten den Zustand seiner Lungen als »*hypoplastisch mit anhaltender pulmonaler Hypertonie*«.

In Timothys Krankenakte standen noch weitere Problem. [4]

Ein schlechter Start

Seine Großmutter, Ann Mercer, erinnert sich noch gut an den Tag seiner Geburt. »Als er geboren wurde, war seine Haut blau. Sie brachten ihn nach der Geburt so schnell wie möglich aus dem Kreissaal. Nachdem der Arzt ihn untersucht hatte, sagte er seiner Mutter Wanda und mir, bei Timothy sei so vieles nicht in Ordnung, daß er die Nacht nicht überleben würde.«

Die Lungen des kleinen Timothy waren noch nicht entwickelt. Als er geboren wurde, waren sie so klein, daß sie auf dem Bildschirm des Ultraschallgerätes nicht erschienen. Wegen der extrem hohen Sterblichkeitsrate bei Säuglingen mit hypoplastischen Lungen, ganz zu schweigen von all seinen anderen Komplikationen, hatten die Ärzte keine Hoffnung, daß er sich erholen würde.

Vielleicht eine Lösung

Als ein Arzt aus einem anderen Krankenhaus von Timothys Zustand erfuhr, schlug er vor, Timothy in das Arnold Palmer Krankenhaus zu verlegen und an ein sogenanntes ECMO-Gerät (extracorporale Membranoxygenierung) anzuschließen. Es ist im Grunde eine Herz- und Lungen-Bypassmaschine, sehr ähnlich denen, die bei Herz-Bypassoperationen benutzt werden.

Die Familienmitglieder entschlossen sich, ihn verlegen zu lassen. Aber sein Zustand war nicht stabil genug für den Transport. Die Ärzte wollten versuchen, Timothys Lungen zu erweitern, und schlossen ihn an ein Beatmungsgerät an. Aber das Gerät war zu hoch eingestellt für seinen kleinen Körper, und seine Lungen wurden noch mehr geschädigt.

Dennoch konnte er schon bald verlegt werden. Als Timothy im Arnold Palmer Krankenhaus ankam, war gerade ein Baby von der Maschine, die Timothy brauchte, abgenommen worden. Dadurch wurde es möglich, zu beurteilen, ob die Behandlung bei Timothy anschlagen würde.

Die Familie hörte zu, als die Ärzte mehrere Kriterien aufzählten, die ein Baby erfüllen mußte, um an die Maschine zu kommen. Die Mediziner sagten ihnen: »Wir werden Ihnen in ein paar Stunden Bescheid geben.«

Timothy erfüllte nur eines der genannten Kriterien, aber die Ärzte entschieden, es dennoch mit der Maschine zu versuchen.

Um zweiundzwanzig Uhr stand Ann Mercer neben dem Bett ihres Enkels. »Plötzlich blieb sein Herz stehen, und seine Atmung setzte aus«, erinnert sie sich. »Ich wurde schleunigst aus dem Zimmer gebracht.«

Man begann sofort mit der Herz-Lungen-Wiederbelebung. Sie konnten ihn wiederbeleben. Timothy wurde stabilisiert und an die Maschine angeschlossen. Der Arzt sagte seiner Familie, daß man Babys Blutverdünner gibt, und daß er, falls das Gehirn, die Nieren oder die Lungen anfangen sollten zu bluten, die

Behandlung vorübergehend aussetzen müsse. Er sagte auch, daß Timothy allerhöchstens einundzwanzig Tage an der Maschine sein dürfe.

Als Timothy am ECMO war, kamen zwei große Schläuche aus seiner Jugularvene. Das Blut wurde aus seinem Körper in eine künstliche Niere, dann in ein künstliches Herz, durch eine künstliche Lunge und nach einem Aufwärmprozeß wieder zurück in seinen Körper gepumpt. Das Gerät übernahm die Arbeit seiner Lungen.

Es schien, als brächte jeder Tag eine neue Herausforderung. Am fünften Tag hatte Timothy eine leichte Hirnblutung. Er überlebte diese Komplikation. Aber man machte der Familie keinerlei Hoffnungen, daß Timothy überleben oder daß es ihm gut gehen würde, falls seine Lungen nicht wachsen sollten.

Schließlich kam der Tag, an dem Timothy aus dem Krankenhaus entlassen wurde. Er bekam ständig Sauerstoff und war am EKG. Ann erinnert sich: »Es mußte rund um die Uhr jemand bei ihm sein, weil wir ihn nicht weinen lassen durften. Sollte er weinen, würde er Kalorien verbrennen, die er zum Wachstum so dringend nötig hatte. Und seine Lungen konnten nur wachsen, wenn er zunahm.«

Nach nur elf Tagen wurde er eiligst wieder ins Krankenhaus gebracht, weil seine Atmung versagte. Dies passierte wieder und wieder. Ann sagt: »Oft fuhren wir mitten in der Nacht in die Klinik, weil er blau wurde und nicht mehr atmete.«

Es war fast so, als hätte das Baby nicht nur ein Zuhause, sondern zwei. Nach einundzwanzig Tagen wurde Timothy entlassen. Sechs Tage später kehrte er zurück. Das ging so bis Mitte Oktober. Wenn er zu Hause war, kam zweimal am Tag eine Krankenschwester, weil sein Zustand so ernst war.

Ende Oktober 1990 war Timothy wieder in der Klinik. Dieses Mal wollten ihn die Ärzte wieder an das Beatmungsgerät anschließen.

Im November – Timothy wurde wieder aus dem Krankenhaus entlassen – sagte einer der Ärzte zu seiner Mutter: »Nehmen Sie Timothy mit nach Hause und freuen Sie sich an ihm, solange Sie können. Ich bezweifle, daß seine Lungen stark genug sind, um ihn durchzubringen, falls seine Atmung wieder versagt.«

Zu diesem Zeitpunkt hatten sie keine Ahnung, was in den nächsten paar Tagen mit Timothy geschehen sollte. Dieses Ereignis würde die medizinische Geschichte seines Lebens völlig neu schreiben.

Kapitel 22

Timothys Verwandlung

Timothys Mutter Wanda wußte nicht, wohin sie sich wenden sollte, um Hilfe zu bekommen. Ann, die Großmutter des Babys, besuchte seit kurzem die Gottesdienste unserer Gemeinde, dem Orlando Christian Center. Sie wurde einem Mann aus unserer Gemeinde vorgestellt, der zum Krankenhausbesuchsteam gehörte. Als er vom Zustand ihres Enkels erfuhr, gab er ihr seine Visitenkarte mit seiner Telefonnummer.

Als Timothy damals Ende Oktober wieder im Krankenhaus lag, da seine Atmung versagte, wählte Ann die Telefonnummer dieser Visitenkarte und sagte: »Sie müssen beten. Timothy soll wieder an das Beatmungsgerät.«

Der Mann, den sie anrief, sagte ihr: »Nein, das wird nicht geschehen. Wir werden uns im Krankenhaus treffen und beten, daß Gott ihn stabilisiert, so daß er wieder nach Hause kann.«

Gewissensprüfung

Ann Mercer war nicht in einer Gemeinde großgeworden, die an Wunder glaubte. Dies war alles ziemlich neu für ihre Familie. »Ich wußte nicht, was ich davon halten sollte«, erinnerte sie sich.

Im Krankenhaus betete der Mann und sagte: »Morgen werden Sie eine deutliche Veränderung bei Timothy sehen. Und wenn Sie ihn wieder mit nach Hause nehmen können, werden wir ihn in die Gemeinde bringen, und Pastor Benny wird ihm die Hände auflegen und beten, daß Gott ein vollständiges Wunder tut.«

Als Timothy geboren wurde, unterzog sich seine Großmutter einer ernsten Gewissensprüfung. »Damals diente ich Gott nicht«, sagt sie. »Keiner in meiner Familie tat das. In meiner Jugend ging ich in die Kirche, aber als ich von zu Hause wegzog, hörte ich auf, ins Haus des Herrn zu gehen, und vergaß Gott.« So war es zwanzig Jahre lang gewesen.

Als sie dann vor einem Zimmer im Krankenhaus wartete und das Leben ihres Enkels an einem seidenen Faden hing, erinnerte sie sich daran, wie man Gott anruft. »Ich schloß dort, auf dem Korridor des Krankenhauses, einen Bund mit Gott und bat ihn, in mein Herz zu kommen. Ich machte ihm auch einige Gelübde«, sagt sie.

Ann sagte Gott, daß sie nie wieder rauchen und ihm für den Rest ihres Lebens dienen würde, wenn er Timothy wieder gesund machen und stabilisieren würde. Sie sagt: »Ich warf meine Zigaretten in den Abfalleimer, um zu beweisen, daß es mir ernst war.«

Jetzt kämpfte Timothy erneut um sein Leben.

Am nächsten Morgen rief der Arzt an. Er sagte, er wisse nicht, was passiert sei, aber es ginge Timothy zunehmend besser und er könne vielleicht in einigen Tagen nach Hause.

Am 8. November holte die Familie Timothy nach Hause.

»Der Arzt sagte, daß Timothy stürbe, wenn seine Atmung wieder versagen würde, weil seine Lungen einfach nicht wuchsen«, sagt seine Großmutter. »Nach allem, was das Baby durchgemacht hatte, waren selbst unsere Freunde pessimistisch. Sie sagten: »Ihr solltet euch darauf einstellen, daß er wahrscheinlich nicht durchkommen wird.«

Ann betete: »Herr, ich muß auf dich vertrauen, denn ich habe sonst niemanden, an den ich mich wenden könnte. Ich muß wissen, daß du in meinem Leben und dem Leben dieses Babys real bist.«

In jener Nacht mußte sie sich auch einige harte Fragen beantworten. Sie dachte: »Werde ich Gott selbst dann dienen, wenn er Timothy von uns nimmt? Könnte ich immer noch an Gott glauben, wenn er meinen Enkel nicht heilen sollte?«

Am Sonntag, dem 11. November, war es, als ob den ganzen Tag lang im Hause der Mercers eine Schlacht tobte. Ann kam schließlich an den Punkt, wo sie sich dem Herrn vollkommen übergab. Sie sagte: »Ich werde dir weiter dienen, selbst wenn du entscheiden solltest, unseren Enkel heimzuholen.«

An jenem Abend brachten sie den kleinen Timothy in die Gemeinde. Die Großmutter wußte: Wenn Gott real war, hatte sie nichts zu verlieren, sondern nur zu gewinnen. Sie saßen im hinteren Teil des Auditoriums. Ihr Freund sagte: »Ich weiß nicht, wie es geschehen wird, aber heute abend wird Pastor Benny Hinn seine Hände auf dieses Baby legen.«

Ein Lächeln

Mitten im Gottesdienst fühlte ich mich an jenem Abend geleitet, einige Menschen aus dem hinteren Teil des Auditoriums, die Heilung brauchten, zur Bühne zu bitten. Ann Mercer brachte den kleinen Timothy nach vorne. Er war jetzt vier Monate alt und wog nur etwas mehr als sieben Pfund.

Mein Gebet für dieses Baby war: »Vater Gott, in Jesu Namen bitte ich dich, laß die göttliche Salbung durch dieses Kind fließen. Bringe jetzt Heilung und Befreiung, in Jesu Namen. Vollkommene Heilung.«

Dann sagte ich: »Sehen Sie, das Kind reagiert!« Als ich den kleinen Jungen berührte, fing er an zu lächeln. »Bringen Sie das Kind wieder zum Arzt. Ein Wunder ist geschehen.«

»Als Pastor Hinn seine Hände auf unser Baby legte«, berichtet Ann, traf Timothy eine Hitze, und ich konnte fühlen, wie sie auf mich überging. Diese Hitze blieb bis zum nächsten Tag.«

Am Montag morgen brachten sie Timothy wieder zum Arzt. Es war offensichtlich, daß ein Wunder begonnen hatte. Sie fingen sogar mit seinen Impfungen an, für die er bisher zu krank gewesen war.

Innerhalb eines Monats hatte sich Timothys Gewicht verdoppelt, und er wurde vom Sauerstoff und vom EKG abgenommen. Die Ärzte gaben ihn frei, weil sie bei ihm nichts mehr entdecken konnten.

Das war ein gewaltiger Fortschritt für ein Kind, von dem ein Arzt gesagt hatte: »Selbst wenn er leben wird, wird er nicht so sein wie andere Babys, weil er so lange Zeit eine Sauerstoffunterversorgung erlitten hat.«

An seinem ersten Geburtstag brachte ihn seine Großmutter wieder zum Arzt. »Er sagte mir, daß Timothy von allen Babys, die er je an ein ECMO-Gerät angeschlossen hätte und die überlebt hatten, das kränkste gewesen sei«, sagt Ann. »Seine Lungen begannen sich zu entwickeln, und er brauchte keinen Sauerstoff mehr. Er kann an allen Aktivitäten teilnehmen, die für sein Alter normal sind. Es fehlt nichts an einem Wunder.« Man führte jeden nur möglichen Test durch und fand nichts Krankhaftes. Sie machten sich Sorgen um seine Sprachentwicklung, aber er hat gelernt, »Preis sei Gott« zu sagen.

Durch Timothys Heilung hat beinahe jedes Mitglied der Mercer-Familie Christus als persönlichen Retter angenommen und dient ihm. Ann sagt: »Ich bin so dankbar, daß mir der Herr meinen Enkel zurückgegeben hat, unsere Familie aus dem Loch, in dem wir waren, herausgeholt und unsere Füße auf den festen Felsen gestellt hat.«

Im Bericht des Regional Medical Center in Orlando vom 18. Dezember 1990 stehen fünf Worte, welche die Mercer-Familie dazu brachten, noch einmal innezuhalten und den Herrn zu preisen. Sie lauten: »Dem Baby geht es gut.«

Kapitel 23

»Ich muß mit Gott sprechen«

»Das kann doch nicht wahr sein«, sagte Doreen Maddeaux.

Im November 1987 ging sie wegen einer Augenentzündung zum Arzt. Im Rahmen der Untersuchung führte er auch ein Routine-Elektrokardiogramm (EKG) durch. Das Ergebnis war eine böse Überraschung. »Was ich da sehe, gefällt mir gar nicht«, sagte der Arzt. »Es sieht so aus, als hätten Sie einen stillen Herzinfarkt gehabt.«

Doreen, die in Willowdale, einem Vorort von Toronto, Ontario, wohnt, konnte dem Bericht kaum glauben. »Es war ein Schock für mich, denn ich hatte in meinem ganzen Leben kaum je einen kranken Tag gehabt«, sagt sie.

Familienerbe

Ihr erster Gedanke war, daß es sich um eine Fehldiagnose handeln müsse. »Mir fiel ein, daß das EKG einmal ausgesetzt hatte. Sie mußten es neu starten und die Blätter zusammenkleben«, erinnert sie sich. Doreen war einmal medizinisch-technische Assistentin gewesen und wußte, daß man Fehler machen konnte.

»Eigentlich nahm ich die Information auf die leichte Schulter«, erinnert sich Doreen. »Ich ließ sogar ein Belastungs-EKG machen, und das ergab nichts Ungewöhnliches.«

Nach dem ersten EKG bekam Doreen von ihrem Arzt ein Rezept für ein Medikament. Er wollte, daß sie es ab jetzt einnahm. Sie sagte zu ihm: »Warum sollte ich mein Geld für ein Medikament ausgeben, wenn ich nicht krank bin?«

Aber ihr Arzt war der Meinung, daß noch weitere Untersuchungen durchgeführt werden sollten. Im Dezember 1987 wurde eine Angiographie gemacht. Das ist ein Verfahren, bei dem man die Blutgefäße auf einem Film sehen kann, nachdem man sie mit einer Substanz gefüllt hat, die keine Röntgenstrahlen durchläßt.

Das Angiogramm zeigte, daß Doreen an einer Herzkrankheit litt.[5]

»Wieder reagierte ich so, als ob dies alles nicht wahr sein könne, aber das hätte ich eigentlich nicht tun sollen«, sagte Doreen. »Ich stamme aus einer Familie, in der es auf beiden Seiten immer wieder Herzerkrankungen gegeben hat. Das durchschnittliche Todesalter lag bei achtundfünfzig.« Sie hatte gerade ihren fünfzigsten Geburtstag gefeiert.

Ein erschreckendes Erlebnis

Doreen und ihre Ärzte glaubten, sie könne mit der Krankheit leben. Die Ärzte verschrieben ihr ein leichtes Medikament und sagten Doreen, sie solle größere körperliche Anstrengung vermeiden. Im darauffolgenden Monat unternahm sie eine Reise nach Israel, bei der keinerlei Schwierigkeiten auftraten.

Im Oktober 1988 reiste sie mit einer Gruppe nach New York City. »Auf dieser Reise teilte mir mein Körper mit, daß ich ein ernstes Problem hätte«, erinnert sie sich. »Ich war mit Menschen unterwegs, die bereits achtzig Jahre alt waren, und konnte mit ihnen nicht Schritt halten.«

Doreen hatte Angst, sie könnte es nicht mehr bis zurück nach Toronto schaffen. Sie ging noch vom Flughafen aus direkt in ein Krankenhaus, um sich untersuchen zu lassen.

Einen Monat später wurde sie mit instabiler *Angina pectoris* so schnell wie möglich von ihrer Arbeitsstelle in die Notaufnahme der Klinik gebracht. Die nächsten zweiundfünfzig Tage verbrachte Doreen in einer speziellen Abteilung und auf der Intensivstation, und im nun folgenden Jahr befand sie sich ständig unter ärztlicher Aufsicht. »Man sagte mir, ich würde nie wieder arbeiten können«, sagt sie.

»Herr! Hilf mir!«

Die Warteliste für eine Bypassoperation war so lang, daß sich die Ärzte entschlossen, an zwei von ihren Arterien eine Operation vorzunehmen.[6]

Ihr Zustand wurde schließlich so schlimm, daß Doreen im Oktober 1989 operiert wurde. Die Ärzte öffneten ihr Bein, um eine kleine Vene als *Bypass-Transplantat* zu finden. Aber sie fanden keine passende.[7]

»Die Operation war das Beängstigendste, was ich je erlebt habe«, sagt Doreen. »Ich wachte auf und war an einer Maschine, die mein Blut pumpte, und ich war kaum in der Lage zu sprechen oder zu denken. Ich versuchte zu beten, aber es schien, als könnte ich immer nur ein Wort nach dem anderen sagen und keinen ganzen Satz auf einmal. Ich sagte: ›Herr! Hilf mir!‹«

Die Lage verschlechtert sich

Im darauffolgenden Jahr wurde Doreen wegen starker Atembeschwerden eiligst ins Krankenhaus gebracht. »Ich bekam beständig zu wenig Luft, und es wurde immer schwieriger, auch nur ein wenig einzukaufen«, sagt sie.

Als die EKG's eine Sauerstoffunterversorgung in den zu operierenden Bereichen zeigten, setzten die Ärzte einen *Thallium-Belastungstest* an.[8]

Doreens Zustand schien sich zu stabilisieren, aber im Mai 1992 mußte sie die Notrufnummer »112« wählen und wurde wieder mit dem Krankenwagen in die Klinik gebracht. Die Untersuchungen ergaben, daß sich ihr Zustand verschlechtert hatte.[9]

Sie hatte nur eine einzige enge Arterie, gespeist von kleinen Kollateral-Arterien, und ihre einzige Hoffnung schien eine weitere Herzoperation zu sein. Aber das war eine Entscheidung, die der Arzt ihr überließ.

Doreen graute bei dem Gedanken an eine weitere Operation, aber sie wußte nicht, was sie sonst tun sollte. »Ich wurde von zwei hervorragenden Chirurgen abgewiesen«, sagt sie, »weil sie das Risiko nicht eingehen wollten.« Schließlich fand sie einen Chirurgen, der die Operation für möglich hielt, ihr aber auch sagte: »Wir können Ihnen keine Garantie geben, wie lange die Wirkung anhalten wird.«

Im Juli desselben Jahres wurde sie erneut wegen Sauerstoffmangel in die Notaufnahme gebracht. »Ich verlor meine Fähigkeit zu sprechen«, sagt Doreen.

Ihr EKG zeigte, daß sie echte Probleme hatte. Sie wurde an einen Morphin- und Nitro-Tropf gehängt und auf die Herzstation gebracht. »Die Ärzte beknieten mich, sofort in die Operation einzuwilligen, aber ich sagte ›Nein‹.«

»Sie müssen mir drei Wochen geben.«

Doreen, die seit mehr als dreißig Jahren Christin war, begann, ihren Glauben einzusetzen. »Ich wußte, daß Gott mich heilen würde«, sagte sie.

Nach einigen Tagen auf der Herzstation war ihr klar, daß sie die Ärzte erst wieder aus dem Krankenhaus lassen würden, wenn sie in die Operation einwilligte. »Ich wußte, daß es um Leben und Tod ging«, erinnerte sie sich.

Ihre Schwester Pat besuchte sie auf der Herzstation und sagte ihr: »Doreen, es ist zu spät. Du hast keine andere Wahl.«

Sie antwortete Pat: »Wieso sollte ich mich operieren lassen, wenn der Operationserfolg sowieso nicht länger als drei bis zwölf Monate anhält?« Und dann fügte sie noch hinzu: »Es wäre mir lieber, einfach zum Herrn zu gehen.«

Einmal wurde sogar Alarm ausgelöst, und das medizinische Personal kam aus allen Teilen der Klinik herbeigeeilt. »Sie fingen an, mich an besondere Geräte anzuschließen, und ich bekam Angst.«

Doreen erinnert sich, daß sie aufsah und fragte: »Herr, werde ich jetzt gehen?« Sie betete: »Herr, nimm mich zu dir oder heile mich.« Sie war bereit zu sterben, falls der Herr das wollte. »Aber irgendwie gab mir der Herr den Mut, gegen die Krankheit anzukämpfen«, erzählt sie.

Sie wandte sich an den Arzt: »Ich habe nicht gesagt, daß ich die Operation nicht haben will. Aber Sie müssen mir drei Wochen Zeit geben.«

Der Arzt sah sie erstaunt an. »Wozu benötigen Sie drei Wochen?« fragte er.

»Weil ich mit Gott sprechen muß«, erklärte sie ihm. »Ich kann nicht sterben, ohne vorher mit Gott gesprochen zu haben.«

Er schlug ihr vor: »Sprechen Sie doch hier mit Gott.«

Sie erwiderte: »Ich kann nicht. Ich muß hier raus.«

Doreen Maddeaux konnte ihm unmöglich sagen, was sie vorhatte.

Kapitel 24

Eine ausweglose Situation

Sie beschreibt die damalige Situation so: »Wenn man von so viel Zweifel umgeben ist, muß man eine Entscheidung treffen. Und ich glaubte von ganzem Herzen, daß Gott mich heilen würde.«

Die Herzpatientin wußte genau, was sie tun wollte.

Eines Abends saß Doreen im Flur der Klinik und las mein Buch *Salbung – Die Kraft des Heiligen Geistes.*[*] Sie las die Frage: »Wieviel kann ich dir anvertrauen?«

»Was meinst du damit, ›mir anvertrauen‹?« fragte sie den Herrn.

Der Herr sprach zu ihr und sagte: »Bist du bereit, in deinem jetzigen Zustand das Krankenhaus zu verlassen und einen Glaubensschritt zu tun?« Er sagte: »Wenn du den ersten Schritt tust, werde ich den zweiten tun.«

In diesem Augenblick sagte sie: »Ich werde es tun.«

»Das bin ich!«

Doreen stellte den Fernseher an, der sich in der Klinik befand. Eines unserer Programme lief gerade. Sie hörte, wie ich sagte: »Da ist eine Dame im Krankenhaus, der man mitgeteilt hat, daß sie operiert werden müsse, und man hat ihr zu verstehen gegeben, daß es so oder so hoffnungslos sei.« Und dann hörte sie,

---
[*] Erschienen bei Projektion J

wie ich als letztes sagte: »Liebes, Sie werden nicht sterben. Sie werden leben.«

Doreen rutschte auf ihrem Stuhl ganz nach vorn und sagte: »Das bin ich! Das bin ich!«

Sie hatte unseren Dienst schon viele Jahre lang verfolgt und sah regelmäßig unsere Sendungen in Kanada. Jetzt hatte sie den Eindruck, sie würde geheilt werden, wenn sie nur irgendwie zu einer unserer Evangelisationen kommen könnte.

»Ich wußte, daß Benny Hinn im September in Toronto Versammlungen abhalten würde, aber so lange konnte ich nicht warten«, spricht sie. »Die Ärzte prophezeiten mir, daß ich so lange nicht mehr leben würde.«

Eine unserer Evangelisationen sollte im Juli in Lansing, Michigan, stattfinden. »Ich entschloß mich, daß ich dort sein würde, ganz gleich, was es mich kostete«, berichtet sie. »Ich befand mich in einer verzweifelten Lage. Es gab keinen Ausweg mehr.«

Dies war das erste Mal in ihrem ganzen Leben, daß Doreen solch einen riesigen Glaubensschritt unternehmen mußte.

Nach langen Diskussionen erlaubten die Ärzte schließlich, daß Doreen nach Hause gebracht wurde, und kümmerten sich darum, daß sie ständig von einer Krankenschwester gepflegt und überwacht wurde. Man gab ihr zwei Sauerstoffflaschen – eine kleine, um von der Klinik nach Hause und wieder zurückzufahren, und eine große, die neben ihrem Bett stehen sollte. »Ich sah aus wie eine überdimensionale Bombe«, sagt sie.

Als eine Gruppe von Christen kam, um für sie zu beten, erzählte ihnen Doreen von ihrem Geheimnis. »Ich werde nach Lansing gehen«, sagte sie.

Sie konnten es gar nicht glauben. »Warum wartest du nicht bis September und gehst dann hier zu den Veranstaltungen?« fragten sie. »Und wer wird dich hinbringen? Es klingt unmöglich.«

»Euch ist anscheinend nicht klar«, erwiderte sie, »daß mir nicht mehr viel Zeit bleibt. Es muß jetzt etwas geschehen. Und wenn ich dieses Bett nehmen und alleine nach Lansing gehen muß – ich werde gehen!«

Im stillen dachte Doreen: »Warum sagst du all das? Wie willst du dahin kommen?« Dann bekam sie plötzlich Besuch von einem jüdischen Freund. Sie erzählte ihm von ihrem überwältigenden Wunsch.

»Willst du das wirklich?« fragte er. Dann hörte Doreen, wie er am Telefon im anderen Zimmer sagte: »Wie bekomme ich eine kranke Frau nach Lansing, Michigan?« Er rief bei Reisebüros, Busgesellschaften, Flugzeug-Krankentransportgesellschaften und dem Bahnhof an.

In diesem Augenblick wußte Doreen, daß sie fahren würde.

Eine heimliche Reise

Doreens erstes Problem waren die Krankenschwestern. »Wie soll ich sie bloß loswerden?« fragte sie sich. Würden sie einwilligen, sie allein zu lassen? Sie sagte zu ihnen: »Ich habe mich entschlossen, für ein paar Tage die Stadt zu verlassen. Ich brauche eine Pause vom Kranksein.«

Die Krankenschwestern riefen den Arzt an und sagten: »Doreen möchte gern wegfahren. Sie ist überreizt durch dieses ganze Problem und möchte einfach ein paar Tage Pause machen. Was halten Sie davon?«

Der Arzt sagte ihnen: »Sie kann gehen, wenn sie einen Rollstuhl mitnimmt.«

Die Schwestern besorgten den Rollstuhl. Aber sie hatten keine Ahnung, daß Doreen nur wenige Stunden später in einem Zug sitzen würde, der nach Michigan fuhr.

»Mein Freund hatte drei Fahrscheine bestellt«, sagt sie. »Er selbst fuhr nicht mit, aber zwei andere Freunde entschlossen sich, mich zu begleiten. Es waren dieselben, die mich früher davor gewarnt hatten, diese Reise zu unternehmen.« Es war eine direkte Verbindung von Toronto nach Lansing.

Am 23. Juli 1992 fuhren Doreen und ihre Freunde zum Bahnhof. Doreen stieg mit Hilfe eines elektrischen Lifts ein. Die Sauerstoffflasche wurde direkt hinter ihr aufgestellt.

»In dem Moment, als der Zug anfuhr, spürte ich, daß etwas geschah«, sagt sie. »Plötzlich konnte ich atmen, ohne den Sauerstoff zu benutzen. Der Herr hatte bereits begonnen, an mir zu wirken.«

Ihr Hotel in Lansing befand sich direkt gegenüber dem Bahnhof und war nur eine Häuserzeile weit vom Breslin Center entfernt, wo die Gottesdienste stattfinden sollten.

»Gibt es irgendwelche Probleme?«

Am ersten Abend der Evangelisation hatte Doreen einen Platz in einem Block, der speziell für Rollstühle reserviert war. Sie kam dort um 14 Uhr an und blieb bis zum Ende des Gottesdienstes. »Die meiste Zeit war ich damit beschäftigt, die anderen um mich herum zu ermutigen. Und obschon mein Glaube stark war, schien sich nichts zu ereignen«, erzählt sie.

Spät am Abend, als Doreen wieder in ihrem Hotelzimmer war, klingelte ihr Telefon.

»Gibt es irgendwelche Schwierigkeiten?« fragte Doreen ihren jüdischen Freund am anderen Ende der Leitung.

»Sie geben mir die Schuld dafür, daß du die Stadt verlassen hast«, sagte er äußerst besorgt. Ihre Schwester und sogar ihre Ärzte hatten erfahren, was für eine Reise sie da tatsächlich angetreten hatte, und waren aufgebracht. Sie glaubten nicht an Wunder.

Als sie ihre Tochter zurückrief, die dringend versucht hatte, sie zu erreichen, war Doreen am Boden zerstört. »Sie konnte nicht verstehen, wie ich so etwas hatte tun können, und legte einfach mitten im Gespräch auf«, erinnert sich Doreen. »Ich dachte, mir bricht das Herz. An jenem Abend habe ich mich in den Schlaf geweint.«

Am Freitag morgen ging Doreen wieder zur Evangelisation. Es fand ein besonderer Salbungsgottesdienst statt. »Als ich in meinem Rollstuhl im obersten Rang saß, hatte ich immer noch Tränen in den Augen«, erzählt sie. »Ich war innerlich zerbrochen wegen meines körperlichen Zustandes und wegen meiner Familie.«

Im Laufe des Gottesdienstes begann einer der Solisten die vertrauten Worte »Er sieht den kleinen Spatzen, und ich weiß, er sieht auch mich« zu singen. Doreen hatte das Gefühl, dieses Lied sei nur für sie.

Als nächstes geschah etwas, was sie kaum glauben konnte. Doreen erinnert sich: »Benny sagte: ›Während des Liedes ist jemand im oberen Rang gerade von einer schweren Herzkrankheit geheilt worden.‹ Und dann sagte er: ›Ich möchte, daß nur diejenigen nach vorne kommen, die ich ausrufe.‹«

Doreen sprang aus ihrem Rollstuhl und begann zusammen mit einem Ordner die Treppenstufen hinunterzulaufen. »Vorne auf der Bühne bat mich jemand, hin und her zu laufen, und sie kontrollierten meinen Puls. Meine Herzfrequenz war normal!«

»Ich kann mich nicht mehr an allzuviele Einzelheiten an jenem Freitagmorgen erinnern«, sagt Doreen. »Ich konnte die Kraft Gottes rings um mich herum spüren.« Es war wie eine Szene aus der Apostelgeschichte, als sie herumsprang und Gott pries. »Ich weiß nur, daß Gott Wort gehalten hatte. Ich war geheilt.«

Doreen wußte, daß der Herr den Fluch der Herzkrankheit, der seit Generationen auf ihrer Familie lag, gebrochen hatte.

Das Warten auf die Ergebnisse

Als Doreen mit dem Zug nach Toronto zurückfuhr, ging sie von Platz zu Platz und erzählte den Leuten, was Gott für sie getan hatte. »Ich schickte den Rollstuhl als Gepäckstück zurück«, ruft sie aus. »Als ich in Toronto ankam, stieg ich aus dem Zug und rannte sogar die Rampen im Bahnhof hinauf.«

Als Doreen zu Hause ankam, versuchte sie, ihre Ärzte zu erreichen. Aber man sagte ihr, sie seien in Urlaub und würden erst zwei Tage vor dem geplanten Operationstermin zurückkommen. »Ich rief sofort den Kardiologen an, den ich früher schon einmal aufgesucht hatte, und er setzte für Anfang August 1992 ein Belastungs-EKG im Missisauga Hospital an«, sagt sie. »Im Krankenhaus informierten sie ihn über meinen Zustand.«

Die Untersuchungsergebnisse dieses Tages waren kaum zu vergleichen mit den Ergebnissen jener Untersuchungen, die erst vor wenigen Wochen gemacht worden waren. »Der Arzt bat mich, draußen im Gang auf ihn zu warten, weil er mit mir sprechen wollte«, erinnert sie sich. »Er sagte: ›Ich kann dazu nur eines sagen: Ihre Krankheit befindet sich auf dem Wege der Besserung.‹«

Selbst heute wirft Doreen gerne ab und zu einen Blick auf den Brief ihres Chirurgen, in dem steht: »Ihre stationäre Aufnahme im Toronto General Hospital ist für Dienstag, den 18. August 1992 geplant, und Ihre Operation wird am Donnerstag, dem 20. August 1992 stattfinden.«

Die Operation wurde abgesagt.

Am 17. September desselben Jahres schickte ihr Kardiologe einen Bericht an ihren Arzt: »Doreen suchte mich am 16. September in meiner Praxis auf. Sie macht immer noch einen ausgezeichneten Eindruck und ist völlig symptomfrei. Sie geht täglich eine Stunde spazieren und nimmt nur ein Aspirin pro Tag. Die Angina und die Atemnot sind so gut wie verschwunden.« [10]

Heute führt Doreen Maddeaux ein beschwerdefreies, gesundes Leben. »Ich tue wieder Dinge, von denen ich glaubte, ich würde sie nie wieder tun können. Ich bleibe immer noch kurz stehen, wenn ich eine Treppenflucht sehe, weil ich daran denke, wie es einmal war – nicht, weil ich es noch nötig hätte.«

Einer ihrer Ärzte sah ihr Zeugnis in einer Fernsehsendung und erzählte ihr später: »Als ich Sie die Treppen hinauflaufen sah, konnte ich es kaum für möglich halten. Ich kann mich noch erinnern, wie Sie kaum die Treppen zu meiner Praxis hinaufkamen.«

Was ist mit Doreen's jüdischen Freunden? »Sie wundern sich über meine Heilung und wissen nicht, wie sie das erklären sollen«, sagt Doreen. »Ich bin ein lebendes Wunder, ein Beweis, daß unser Gott regiert.«

Kapitel 25

»Sie haben noch dreißig Tage«

»Sie haben zwei Möglichkeiten«, sagte der Arzt zu Dave Lane. »Wenn wir Sie sofort operieren, werden Sie noch ungefähr drei Monate leben, ohne Operation verbleiben Ihnen noch dreißig Tage.«

Diese Worte waren ein absoluter Schock. Der etwa ein Meter dreiundachtzig große, dunkelhaarige Dave mit seinem Bart sah wie die Gesundheit in Person aus. Er war einundvierzig Jahre alt, aber er fühlte sich wie zwanzig. »Ich liebte das Leben mehr als alles andere«, sagte er mir.

Dies geschah im Sommer 1990. Dave Lane und seine Frau Rebecca hatten über zehn Jahre in der Nähe von Cookeville, Tennessee, eine erfolgreiche Zuchtfarm für Araberpferde aufgebaut. Auf ihrer Farm waren »Muscats«, ein bekannter, preisgekrönter Zuchthengst, und mehr als zwanzig weitere reinrassige Araberpferde zu Hause.

Dann, eines Tages, bemerkte Dave, daß mit seinem Körper irgend etwas nicht stimmte. »Mein Magen fühlte sich seltsam geschwollen an. Ich litt sehr häufig unter Schmerzen, und ich schied Blut aus.«

»Es sieht nicht gut aus«

Am Freitag, dem 15. Juni 1990, hatte er bei seinem Arzt einen Termin. Die angesetzte Untersuchung dauerte nicht lange. Der Arzt sagte sofort: »Herr Lane, ich muß im Krankenhaus anrufen und ausführlichere Untersuchungen durchführen. Ich würde es gern jetzt gleich tun.«

Dave Lane wird diesen Tag nie mehr vergessen. »Als wir ins Krankenhaus kamen, stellte mein Arzt mich einem Chirurgen vor, und sie bereiteten mich für eine umfassende Untersuchung meines Dickdarms vor.«

»Herr Lane«, sagte einer der Ärzte zu ihm, »es sieht nicht gut aus.«

Die Ärzte fanden einen Tumor, der so groß war, daß es keinen Durchgang für ihre Instrumente gab, um den Rest des Dickdarms zu untersuchen. Die Untersuchung im Labor wurde so schnell wie möglich durchgeführt, und die Ergebnisse bestätigten ihre schlimmsten Befürchtungen.[11]

Dave berichtete: »Sie sagten, sie seien besorgt wegen der beträchtlichen Größe der krebsartigen Wucherung und weil es den Tumor schon so lange gebe.«

Der Tumor, den die Ärzte fanden, war etwas kleiner als ein Fußball. Aber was ihnen noch mehr Sorgen machte, war das, was sie *nicht* hatten einsehen können. Sie mußten Dave gegenüber ehrlich sein, und so erklärten sie ihm, daß sich in dem Bereich hinter der Blockade, den sie nicht einsehen konnten, möglicherweise noch Metastasen des Tumors befanden.

Es war Freitag, und einer der Ärzte hatte vorgehabt, über das Wochenende wegzufahren. Aber da es sich um einen dringenden Notfall handelte, war er bereit, seine Pläne umzustoßen. »Wir müssen den Tumor so rasch wie möglich entfernen«, sagten die Ärzte zu Dave.

Noch mehr schlechte Nachrichten

Nachdem er die Angelegenheit mit den Ärzten besprochen hatte, entschied Dave, daß es gut wäre, sich noch von einem anderen Arzt untersuchen zu lassen und dessen Meinung einzuholen.

Das tat er dann auch, jedoch lautete die Prognose gleich: »Sie haben nur noch eine sehr kurze Lebenserwartung.« Er suchte sogar noch eine *dritte* Klinik auf, erhielt dort aber die gleiche schreckliche Nachricht.

Dave berichtete: »Man sagte mir, der Krebs würde sich in weitere lebenswichtige Organe ausbreiten, wenn ich nichts dagegen unternähme.« Die größte Sorge der Ärzte war, daß der Krebs seine Leber infiltrieren und sie so funktionsunfähig machen könnte.

Je länger Dave mit den Ärzten sprach, um so besorgter wurde er. Er erfuhr, daß er möglicherweise von der Hüfte an gelähmt sein würde, da die Operation, die ihm bevorstand, sehr umfangreich sei und der Tumor eventuell bereits in seine Wirbelsäule vorgedrungen war. Ferner erfuhr er, daß er nach der Operation wahrscheinlich seine gesamten Darm- und Blasenfunktionen verlieren würde.

Die Prognosen waren schlecht, und er war erschüttert von dem, was ihm bevorstand.

»Da geht man nichtsahnend wegen etwas, was man für eine Kleinigkeit hält, zu seinem Arzt und erfährt die schreckliche Wahrheit, daß man Krebs hat und sterben wird«, sagt er.

Die Worte der Ärzte gingen ihm nicht mehr aus dem Kopf. »Sie haben noch dreißig Tage. Nur noch dreißig Tage.«

»Ich will keine Operation«

Wieder daheim, sagte Dave zu seiner Frau Rebecca: »Liebling, die Ärzte sagen, daß ich sowohl mit als auch ohne Operation sterben werde. Ich habe mich entschieden. Ich will keine Operation.«

Statt dessen nahm er sich vor, die letzten Tage seines Lebens mit seiner Familie zu verbringen. Er begann, seine persönlichen Angelegenheiten zu ordnen.

Der Arzt wurde immer besorgter, weil Dave zögerte, die Situation zu besprechen. Deshalb schrieb er seinem Patienten einen Brief:

Sehr geehrter Herr Lane, ich habe mehrmals versucht, Sie anzurufen, aber Sie waren entweder nicht in der Stadt oder nicht zu erreichen. Ich habe mit Ihrem Sohn gesprochen und erfahren, daß Sie nichts gegen den Krebs in Ihrem Dickdarm unternommen haben. Ich möchte Sie dringend bitten, sich so bald wie möglich operieren zu lassen. Dieser Krebs ist, wenn er nicht behandelt wird, eine gefährliche, potentiell tödliche Krankheit, und wenn Sie ihn nicht entfernen lassen, können Sie davon ausgehen, daß er sich in andere Teile Ihres Körpers ausbreiten wird. Falls er nicht behandelt wird und sich ausbreitet, ist es höchst unwahrscheinlich, daß Sie wieder genesen werden«, schrieb sein Arzt.

Dave Lane war sich sicher, daß es für ihn nur noch eine Chance gab zu überleben, und er war sicher, daß dies eine Möglichkeit war, welche die meisten Ärzte niemals verstehen würden.

Dave war schon früh in seinem Leben Christ geworden. Er war sehr aktiv in seiner Gemeinde. In den vergangenen Jahren hatte Dave Gott treu in einem Dienst an Gefangenen gedient. Als Ergebnis ihrer Versammlungen in den örtlichen Gefängnissen und den Strafanstalten der Gegend hatte er gesehen, wie Hunderte von Gefangenen durch die Kraft Gottes verändert worden waren.

Die Gemeinde, in der Dave großgeworden war, glaubte, daß Gottes Heilungskraft auf die Zeiten des Neuen Testaments beschränkt sei. Doch je mehr Dave das Wort las, um so mehr war er davon überzeugt, daß der Herr derselbe war, »gestern, heute und in alle Ewigkeit«.

Jetzt blieb ihm keine andere Möglichkeit mehr. Die Ärzte hatten ein Todesurteil ausgesprochen.

»Herr«, betete er, »ich brauche ein Wunder.«

Kapitel 26

Ein Wunder wird gefeiert

»Wenn einem gesagt wird, man habe nur noch dreißig, bestenfalls vielleicht neunzig Tage zu leben, beginnt man, alles sehr nüchtern zu sehen«, stellt Dave Lane aus Cookeville, Tennessee, fest.

»Plötzlich waren meine preisgekrönten Araberpferde nicht mehr wichtig«, erzählt er. Jetzt überlegte er nur noch, wie er die verbleibenden Tage am besten nutzen konnte, um mit seiner Frau und der Familie zusammenzusein. Der Gedanke an den schrecklichen, fußballgroßen Krebs, an dem er sterben würde, ging ihm nicht mehr aus dem Kopf.

Als Dave einen Tag nach der Diagnose zu Hause durch das Arbeitszimmer ging, erregte die Sendung, die gerade über den großen Bildschirm flimmerte, seine Aufmerksamkeit. »Es war Benny Hinns *Miracle Invasion*, und ich fühlte mich gedrängt, mit dem, was ich gerade tat, aufzuhören und mir das Programm anzusehen«, berichtet Lane. »Ich hatte dieses Programm bisher erst einmal gesehen. Aber an jenem Tag war es, als ob die Gegenwart des Heiligen Geistes den Fernseher durchdringen und mir dienen würde.«

Wir kündigten an, daß unser Evangelisationsteam aus Orlando am Donnerstag und Freitag derselben Woche in der »Church on the Rock« in Rockwall, Texas, in der Nähe von Dallas, besondere Gottesdienste abhalten würde. Das war im Juni 1990. Dave berichtet: »Ich spürte, wie Gott mir sagte: ›Geh!‹ – und mir die Anweisung gab, zu diesen Gottesdiensten nach Dallas zu fahren.«

Sofort kamen Dave Zweifel. »Ist es wirklich richtig, wenn

ich von den dreißig Tagen, die mir die Ärzte noch geben, drei Tage dafür hernehme und wegfahre?« fragte er sich.

Die Fahrt nach Rockwall

Doch obschon sich seine Entwicklung als Christ nicht von der vieler anderer Christen unterschied, glaubte er inzwischen, daß die Heilung ein Teil der Erlösung und für uns heute in Anspruch zu nehmen sei.

In den ersten Tagen jener Woche riefen die Ärzte immer wieder bei ihm an. Sie wußten, daß dringend eine Operation angesetzt werden mußte, und verstanden nicht, warum Dave ihnen auswich.

»Am Donnerstag morgen stiegen meine Frau und ich ins Auto und fuhren nach Rockwall«, berichtet Lane. »Man benötigt ungefähr zwölf Stunden für die Strecke, und wir hatten etwa dreizehn Stunden für die Fahrt.« Aber als sie in der Gegend ankamen, konnten sie kein Hotel finden, das noch Zimmer frei hatte. »Wir mußten etliche Kilometer fahren, bis wir ein Hotel fanden, wo wir uns umziehen konnten, und kamen fast eine Stunde zu spät beim Auditorium an.«

Unterwegs beteten Dave und Rebecca für drei Dinge. Er berichtet: »Ich bat den Herrn, er solle erstens dafür sorgen, daß wir gute Plätze im vorderen Bereich bekämen. Zweitens solle er den Predigtteil so lange hinauszögern, bis wir ankämen, und drittens solle er dafür sorgen, daß der Evangelist für mich bete, damit ich von der Krebsgeschwulst in meinem Körper geheilt würde.«

Als die Lanes ankamen, standen viele Menschen, die nicht mehr hineingekommen waren, draußen vor dem Auditorium. »Aber aus irgendeinem unerfindlichen Grund«, sagt Dave, »kam ein Mann auf uns zu und bat uns, ihm hinein zu folgen. Er führte uns zu zwei Plätzen im vorderen Bereich des Auditoriums, die noch frei waren.«

Als Dave in die Evangelisationsversammlung kam, kreisten seine Gedanken ständig um seinen Krebs. »Aber in dem Augenblick, als ich die Gegenwart Gottes spürte und die Salbung begann, sich durch das Auditorium zu bewegen, veränderte sich alles«, sagte er. »Nur zehn Minuten in dieser kostbaren Atmosphäre waren all die Mühen der langen Fahrt nach Texas wert.«

An jenem Abend übergab Dave sein Leben ganz und gar dem Herrn. »Ich erkannte, daß selbst das Sterben nur eine Tür zum ewigen Leben mit Christus wäre.«

Plötzlich konnte Dave seine Gedanken von seinem Problem abwenden und auf Christus sehen. »Als ich anfing, den Herrn zu preisen, vergaß ich den Krebs völlig«, erzählt er. »Eine himmlische Wärme schien mich zu umspülen.«

Als ich diejenigen nach vorne rief, die spürten, daß Gott sie heilte, trat Dave in den Gang. »Ich hatte keinen faßbaren Beweis, aber ich wußte mit absoluter Gewißheit, daß Gott etwas Gewaltiges in mir getan hatte«, sagt er.

Plötzlich wurde Dave auf die Bühne geführt. »Pastor Hinn legte mir die Hände auf und sagte über den Krebs: ›Ich verfluche seine Wurzeln und befehle ihm zu sterben‹«, erinnert sich Dave. »Ich wußte, daß in dem Moment der Krebs meinen Körper verließ.« Alle seine Gebete waren erhört worden.

»War ich geheilt?«

Dave und seine Frau kehrten nach Tennessee zurück. Er fühlte sich von Tag zu Tag stärker, sowohl körperlich als auch geistlich. Dreißig Tage waren vergangen, und er war immer noch am Leben. Nach neunzig Tagen beanspruchte Dave immer noch seine Heilung.

»Die Ärzte, die ursprünglich meinen Krebs diagnostiziert hatten, konnten einfach nicht verstehen, warum ich ihre Bitten, eine Operation anzusetzen und mit der Krebsbehandlung zu beginnen, ignorierte«, berichtet Dave. Im Oktober, ungefähr vier Monate nach der ursprünglichen Diagnose, sagte Dave zu seiner Frau: »Ich werde zu einem anderen Arzt gehen und mich gründlich untersuchen lassen – zu einem, der nichts von meinem Problem weiß.«

Als die unangenehme Untersuchung vorüber war, bat der Arzt auch Dave's Frau herein. »Es tut mir leid, Ihnen diese Mitteilung machen zu müssen«, sagte der Arzt, »aber Sie haben eine krankhafte Gewebsveränderung von der Größe eines Vierteldollars, Herr Lane. Und sie ist bösartig.«

Dave und Rebecca sahen sich an. Sie dachten beide dasselbe: »Preis dem Herrn!« Dann begann Dave zu lächeln.

»Der Arzt hat sicher geglaubt, ich sei verrückt geworden«, erzählt er. »Aber ich war begeistert darüber, daß die Gewebsveränderung mit der annähernden Größe eines Fußballs auf die eines Vierteldollars reduziert worden war. Das allein war bereits ein Wunder. Außerdem glaube ich, daß wir einem Gott dienen, der keine halben Sachen macht. Was der Herr anfängt, das führt er auch zu Ende.«

Zu dem Zeitpunkt erhielt Dave einen Anruf von einem anderen Arzt. »Herr Lane, wir müssen etwas unternehmen, bevor es noch größer wird«, sagte er. Lane legte die Angelegenheit in Gottes Hand und lächelte weiter.[12]

»Ich hatte Gott gebeten, mir mit absoluter Sicherheit zu zeigen, daß ich keinen Krebs hatte. Ich fühlte mich gesund und stark, aber ich bat Gott weiterhin um einen sicheren Beweis meiner Heilung«, berichtet Dave.

»Sie sind frei!«

Im März 1992 war es wieder soweit. Dave fühlte sich krank. »Herr, was geht hier vor? Verliere ich meine Heilung?« fragte er sich.

Dave ging nochmals zu einem Arzt im Park View Medical Center in Nashville, der wußte, daß er Krebs hatte. Er bat um eine erneute Untersuchung und erfuhr, daß er einen Abszeß am Blinddarm hatte und sofort behandelt werden mußte.

Als sie die Operation durchführten, unterzogen sie Daves Körper einer umfassenden Untersuchung – einschließlich jener Gegend in seinem Darm, wo der Krebs gewesen war. Die wichtigste Entdeckung dabei war, daß sie *nichts* fanden. »Es gibt keinen Krebs in Ihrem Körper«, sagten ihm die Ärzte.

Dave war glücklich, daß die Blinddarmoperation zweifellos bewiesen hatte, daß Gott seinen Krebs ganz und gar geheilt hatte. Spätere Ultraschalluntersuchungen zeigten, daß es keine Tumoren gab.

Wenn Dave heute auf seine Erfahrung mit dem Krebs zurückblickt, sagt er: »Mir ist klar, daß Benny Hinn nichts weiter mit der Heilung zu tun hatte, außer daß der Herr ihn mit seiner Gegenwart ehrte. Es ist der Herr, der das Wunder vollbracht hat.«

Vor seiner Heilung »war Gott etwas Entferntes«, sagt Dave. »Jetzt habe ich eine persönliche Beziehung zu dem, der mich geheilt hat. Ich weiß, die Bibel sagt, daß Gott uns unsere Herzenswünsche erfüllen will. Jetzt ist *Gott selbst* mein Herzenswunsch.«

Am 22. April 1992 schrieb derselbe Arzt, der zwei Jahre zuvor bestätigt hatte, daß Dave Darmkrebs hatte: »Es gibt kein Anzeichen von restlicher Malignität, und zum gegenwärtigen Zeitpunkt ist der Patient als völlig tumorfrei zu betrachten.«

Dave Lane hatte keine Bestrahlung, keine Chemotherapie, keine Krebsoperation und keine Medizin wegen seines Krebses erhalten. Er war völlig geheilt durch die Kraft Gottes.

NACHWORT

Heilung – ein Akt des Glaubens

Seit Beginn meines Dienstes habe ich die Zeugnisse von mehr als tausend Menschen gehört, die ihre wundervolle Heilung empfangen haben. Wegen unserer ausgestrahlten Sendungen und der großen Evangelisationen wünschten sich einige folgendes: »Wenn doch nur Benny Hinn persönlich für mich beten würde. Ich weiß, daß ich dann die Heilung empfangen könnte.«

Aber das ist nicht der Schlüssel zu Ihrem Wunder.

Es ist Gottes Reaktion auf Ihren *Glauben*, die Heilung bringt. Ich will Ihnen ein Beispiel geben.

Candy Brusseau wurde mit einer starken Taubheit auf beiden Ohren geboren. Als Kind verbrachte sie viele frustrierende Jahre damit, einige wenige Worte und Sätze sprechen zu lernen. Auch als Erwachsene mußte sie mit dieser Behinderung kämpfen.

Im Jahre 1992 wurde Candy vom Landgericht von Los Angeles als Geschworene geladen. Am 3. November desselben Jahres schrieb ihr Arzt, der bekannte Ohrchirurg Dr. Howard House, einen Brief an das Gericht, in dem er empfahl, Candy von dem Amt des Schöffen freizustellen. Er schrieb, Candy sei »... seit 1954 wegen einer schweren Beeinträchtigung ihres Hörvermögens periodisch in dieser Praxis behandelt worden.« Dr. House stellte fest, daß es »... leider keine medikamentöse oder chirurgische Therapie ...« gäbe, »... die ihr Gehör wiederherstellen würde.«

Am 22. Oktober 1992, zwölf Tage bevor Dr. House den Brief schrieb, verfaßten Candy und ihre Familie gemeinsam – als Akt des Glaubens an das vollbrachte Werk Jesu Christi – ein einfaches Zeugnis, das sie später benutzen wollten. Es war ein Zeugnis voller Lobpreis und Dank für ihre kommende Heilung durch Gott, dem alle Dinge möglich sind und der nicht begrenzt ist auf »medikamentöse oder chirurgische Therapie«. Sie waren sicher, daß Candy geheilt werden würde.

Sie schrieben: »Meine Geschichte handelt nicht davon, daß ich mit einer sehr starken Schwerhörigkeit geboren wurde, obwohl ich sehr wohl mit einer schweren Beeinträchtigung meines Hörvermögens zur Welt kam. Es geht bei meiner Geschichte auch nicht um meine mißlungene Ohrenoperation durch einen der besten Audiologen und Ohrchirurgen der Welt. Meine Geschichte handelt von der wundervollen, übernatürlichen Heilung meiner Taubheit durch die Gnade Gottes am 11. Dezember 1992 bei Benny Hinns wundervollen Evangelisation in der Sporthalle von Long Beach in Kalifornien.«

In ihrer Taubheit beanspruchte sie Befreiung.

Am Freitag abend, dem 11. Dezember, zwängten sich mehr als vierzehntausend Menschen in das Auditorium. Gegen Viertel vor sechs, mehr als eine Stunde vor Beginn des Gottesdienstes, fanden überall im Gebäude wunderbare Heilungen statt.

Als Frau Joan Gieson nicht weit von ihnen den Gang entlang ging, bat Bill Brusseau, Candys Vater, Frau Gieson, gemeinsam mit ihnen ein »Gebet des Glaubens« für Candy zu beten. Als sie das Gebet beendeten, brachen die Menschen, die in ihrer Nähe saßen, in spontane Jubelrufe aus, denn Candy nahm ihr Hörgerät heraus, wandte sich an ihren Vater und sagte: »Ich kann hören!«

Später schreiben ihre Mutter und ihr Vater in einem Brief an Verwandte und Freunde über diesen Freitagabend im Dezember: »Der Heilige Geist kam auf unsere liebe Candy, und sie wurde auf tiefgreifende und herrliche Weise übernatürlich von ihrer lebenslangen Taubheit geheilt.«

Als Candy an jenem Abend auf die Bühne gebracht wurde, strahlte sie von der Gegenwart des Herrn. Ihr Zeugnis lag nicht mehr in der Zukunft, es geschah *jetzt*. Noch bevor ich zum Gottesdienst eintraf, war Candy Brusseau geheilt. Ihr Glaube hatte sie gesund gemacht.

Mein Gebet für Sie

Es ist aufregend, die Geschichten jener zu hören, die durch Gottes Kraft geheilt wurden. Aber was ist mit Ihnen? Strecken Sie sich jetzt im Glauben aus, während ich Gott um Ihre Heilung bitte.

> *Herr, ich preise heute deinen Namen. Du bist der Gott, der unsere Sünden vergibt, der unsere Krankheiten heilt, der unser Leben vom Verderben erlöst und der unser Leben mit Gnade und Erbarmen krönt. Du bist es, der unseren Mund mit Gutem sättigt, der unsere Jugend erneuert wie bei einem Adler und der uns verteidigt. Herr, ich bete jetzt um eine Decke der Heilung, um dein Kind zu bedecken. Ich stehe jetzt auf deinem Wort und erkläre sofortige und völlige Heilung. Tue es um deines Namens willen. In Jesu Namen und zu deiner Ehre. Amen.*

Nehmen Sie heute Gottes Wunder in Anspruch. Sein Wort ist für Sie geschrieben: »... durch seine Wunden sind wir geheilt« (Jes 53,5).

Der Herr wartet darauf, Ihren Lobpreis, Ihre Anbetung und Ihr Freudenfest zu hören. Er wartet darauf, Sie sagen zu hören: »Danke, Herr, für mein Wunder.«

ANHANG

1 Folgende gesundheitliche Probleme traten auf: Systemischer Lupus erythematodes, kortikale Erblindung, Pseudotumor cerebri/Zustand nach lumboperitonealem Shunt, rechtsseitige Occipitalneuralgie, orale Candidiasis, Hypokaliämie, Harnwegsinfekt.
2 Das *Raynaud-Syndrom* ist eine Erkrankung der Blutgefäße. Bei Kälteeinwirkung verkrampfen sich plötzlich die kleinen Blutgefäße der Finger und der Zehen. Wenn dies geschieht, wird die Blutzufuhr in die Finger und Zehen unterbrochen und sie werden blaß. Das war der Grund, warum Marshas Hände, Füße und Nase blau, kalt und taub wurden. Wenn dann die Blutzirkulation wiederhergestellt war, verursachte das in diesen Bereichen ziemliche Schmerzen. Das Sjögren-Syndrom ist eine Krankheit, bei der jene Drüsen, die Feuchtigkeit produzieren, verkümmern. Das bedeutet, daß Tränen und Speichel nur noch sporadisch und in begrenzten Mengen produziert werden. Bei der *Spondylitis ankylosans* verschmelzen die Knochen und Bänder miteinander und werden steif. Das kann zu einer bleibenden Rückgratverkrümmung führen.
3 Sie litt unter einem *Thoracic-outlet-Syndrom*. Bei ihr wurden eine bilaterale Resektion der ersten Rippe und bilaterale Dekompression des Musculus scalenus anterior durchgeführt.
4 *Bilateraler Pneumothorax* (ein Zustand, bei dem Luft in einen Zwischenraum zwischen dem Lungenfell und der Wand des Brustkorbs entweicht), bilaterale Hydronephrose (die Nieren werden auf Grund einer Blockade oder Verengung der Harnleiter, die den Urin von den Nieren zur Blase transportieren, von Urin aufgeschwemmt) und eine geschwollene Harnblase.
5 Bei *koronarer Herzkrankheit* werden die Arterien, die den Herzmuskel selbst mit Blut – und somit mit Sauerstoff und Nahrung – versorgen, geschädigt. Die Krankheit, auch *Arteriosklerose* genannt, führt dazu, daß sich Fett in den Arterien ablagert. Sie werden hart und setzen sich an einigen Stellen zu. Dadurch kommt weniger Blut beim Herzmuskel an, was zu einem Schmerz im Brustraum, der sogenannten *Angina pectoris*, oder, was schlimmer ist, zu einem Herzinfarkt führt, bei dem ein Teil des Herzmuskels abstirbt.
6 Die Angioplastie ist ein Verfahren, um Verengungen oder Verstopfungen von Arterien zu behandeln, indem man einen Ballonkatheter in den ver-

engten Bereich einführt, um ihn zu weiten. Drei Monate später mußten ihre Ärzte dasselbe Verfahren an anderen verengten Arterien durchführen.

7 Bei der *Koronararterien-Bypassoperation* wird ein Teil einer Beinvene entfernt und an die Aorta, die große Arterie, die aus dem Herzen kommt, angenäht. Das andere Ende der Vene wird dann an einen Zweig der Koronararterie angenäht. Durch dieses Vorgehen wird das Blut um die geschädigten oder blockierten Bereiche der Koronararterien herumgeführt, um den Blutstrom zum Herzmuskel zu erhöhen.

8 Bei diesem Verfahren zeigen radioaktive Metallionen, welche Bereiche des Herzmuskels zu wenig mit Blut versorgt werden oder geschädigt sind.

9 Der Bericht des Arztes lautete wie folgt: »Frau Maddeaux leidet an einer schweren koronaren Herzkrankheit. Leider haben die Angioplastie und die Bypassoperation keinen großen Erfolg gehabt. Zur Zeit würde eine Angioplastie mit Sicherheit keine Verbesserung bringen. Sie bräuchte einen Bypass.«
Weiter schrieb er: »Ihr Belastungs-EKG ist sehr schlecht ausgefallen. Das läßt auf eine begrenzte körperliche Belastbarkeit schließen, die sich natürlich in Ihrem täglichen Leben äußert.«

10 Weiter steht in dem Bericht: »Kurz gesagt, Doreen ist ein modernes Wunder. Vor wenigen Monaten war sie nicht in der Lage, länger als eine Minute auf dem Ergometer zu arbeiten. Doch am vierten August 1992 schaffte sie es fünf Minuten und zweiundvierzig Sekunden, mit einer Herzfrequenz von bis zu einhundertsiebenundzwanzig, ohne ischämische ST-Veränderungen oder Schmerzen in der Brust. Sie hat eine Belastung von sieben METS erreicht (amerikanischer Wert – Anm. d. Übers.).«

11 Im pathologischen Bericht seiner Operation stand als endgültige Diagnose: »... große Gewebemasse (Biopsie); Adeno-Karzinom des Kolons.« (Der medizinische Fachbegriff für diesen bösartigen Tumor.)

12 Der medizinische Bericht von dem Arztbesuch im Oktober lautet wie folgt: »Ich untersuchte in meiner Praxis den unteren Gastrointestinaltrakt und entnahm eine Biopsie von einer verdächtigen Stelle, bei der es sich möglicherweise um einen Tumor handelte. Der pathologische Bericht zeigte, wie bereits beschrieben ... daß es sich um eine maligne Entartung handelt, und zwar um ein Carcinom der Mucosa ...«
Weiter hieß es in dem Arztbrief: »*Ich hätte die Sache gern mit Ihnen durchgesprochen und überlegt, was für Möglichkeiten es gibt, aber ich konnte Sie nicht erreichen. Ich bin bereit, dies mit Ihnen zu besprechen, und würde mich jederzeit freuen, Sie zu sehen. Ich muß allerdings betonen, daß die Sache von äußerster Dringlichkeit ist und daß man gezielte Schritte unternehmen muß, nachdem ein Carcinom entdeckt worden ist, um die Erkrankung zu korrigieren und eine weitere Ausbreitung des Tumors zu verhindern.«*

Bücher von Benny Hinn im Projektion J Verlag:

Salbung —
die Kraft des Heiligen Geistes
Benny Hinn

Gb., 173 Seiten
ISBN 3-925352-79-1
DM 24,80

Guten Morgen, Heiliger Geist!
Benny Hinn

Gb., 189 Seiten
ISBN 3-925352-67-8
DM 24,80

Herr, ich brauche ein Wunder!
Benny Hinn

Gb., 173 Seiten
ISBN 3-89490-017-2
DM 24,80

Projektion J Buch- und Musikverlag GmbH · Niederwaldstr. 14 · 65187 Wiesbaden
Telefon (06 11) 8 11 09 33 / 34 · Telefax (06 11) 8 11 09 28